中学単語でここまで通じる！

英会話〈ネイティブ流〉使い回しの100単語

デイビッド・セイン

青春新書
INTELLIGENCE

Preface

「話し合いは私の有利に終わった」

をどう言いますか？

The discussion ended in my profitable air.

と言う人が多いかもしれません。でも profitable を知らなければ言えません。こんなときは、

The discussion ended in my favor.

で OK なんです。というより、むしろこの方が堅苦しくなくて良いニュアンスが伝わるのです（ネイティブや英語に慣れている人は、難しい単語はなるべく使わず、できるだけカンタンなワードで表現しようとします）。

favor は知っている人が多いでしょう。Do me a favor. でよく目にしますね。ネイティブにとっては「超」がつくほどの基礎単語ですが、日本人にはあまりなじみがない単語です。

実は英語には、こういう単語がたくさんあるのです。カンタンで、便利で、しかもより良いニュアンスを伝えられる。そういう「最強ワード」を 100 語、厳選したのがこの本です。

英会話というと、「とにかく語彙力！　単語をたくさん暗記しなきゃ！」と思い込んでいませんか？　たしかに語彙力は大事です。海外でビジネスをしたり旅行で自由に話すには、8,000 ～ 10,000 語くらい必要だといわれます。しかし、難しい単語を何千も覚えなくても、この中学校レベルの 100 単語で日常会話とベーシックなビジネスでのやりとりは 9 割近く伝わります。

本書の単語とフレーズを使い回して、より英語を身近なものにしてください。

Contents

■ Chapter 3　ビジネスで使える単語 24

■ Chapter 4　知って得する単語 23

本書の使い方

例文はすべて音声で聞くことができます。下記 URL よりダウンロードしてください。

★の数が多いものはネイティブが日常的によく使うものです（最大で★★★）。そう頻繁に使わなくても「面白いもの」「使い勝手がいいもの」も紹介しています。

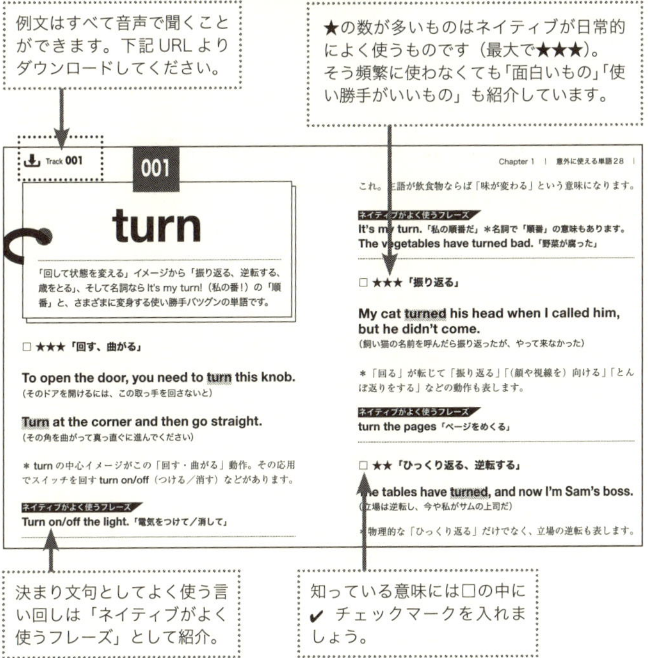

Track 001

Chapter 1 | 意外に使える単語28 |

001

turn

「回して状態を変える」イメージから「振り返る、逆転する、歳をとる」、そして名詞なら It's my turn!（私の番！）の「順番」と、さまざまに変身する使い勝手バツグンの単語です。

□ ★★★「回す、曲がる」

To open the door, you need to turn this knob.
（そのドアを開けるには、この取っ手を回さないと）

Turn at the corner and then go straight.
（その角を曲がって真っ直ぐに進んでください）

＊ turn の中心イメージがこの「回す・曲がる」動作。その応用でスイッチを回す turn on/off（つける／消す）などがあります。

ネイティブがよく使うフレーズ
Turn on/off the light.「電気をつけて／消して」

これ。主語が飲食物ならば「味が変わる」という意味になります。

ネイティブがよく使うフレーズ
It's my turn.「私の順番だ」＊名詞で「順番」の意味もあります。
The vegetables have turned bad.「野菜が腐った」

□ ★★★「振り返る」

My cat turned his head when I called him, but he didn't come.
（飼い猫の名前を呼んだら振り返ったが、やって来なかった）

＊「回る」が転じて「振り返る」「（顔や視線を）向ける」「とんぼ返りをする」などの動作も表します。

ネイティブがよく使うフレーズ
turn the pages「ページをめくる」

□ ★★「ひっくり返る、逆転する」

The tables have turned, and now I'm Sam's boss.
（立場は逆転し、今や私がサムの上司だ）

＊物理的な「ひっくり返る」だけでなく、立場の逆転も表します。

決まり文句としてよく使う言い回しは「ネイティブがよく使うフレーズ」として紹介。

知っている意味には□の中に ✔ チェックマークを入れましょう。

>音声のダウンロード方法

本書に掲載されている例文の音声をダウンロードできます。下記のURL からアクセスしてダウンロードしてください。

https://sites.google.com/view/native100-words/

・音声は MP3 ファイル形式となっています。音声の再生には MP3 を再生できる機器などが別途必要です。
・ご使用機器、音声再生ソフト等に関する技術的なご質問は、ハードメーカーもしくはソフトメーカーにお願いします。
・本サービスは予告なく終了されることがあります。ご了承ください。

意外に使える単語28

Please text me. と言われ「私にテキストしてください」だと思った方、また My nose is runnning. で「私の鼻が走っている?!」と驚いた方、ぜひここで「意外な単語の使い方」をマスターしてください。

Track **001**

001

turn

「回して状態を変える」イメージから「振り返る、逆転する、歳をとる」、そして名詞なら It's my turn!（私の番！）の「順番」と、さまざまに変身する使い勝手バツグンの単語です。

□ ★★★ **「回す、曲がる」**

To open the door, you need to turn this knob.
(そのドアを開けるには、この取っ手を回さないと)

Turn at the corner and then go straight.
(その角を曲がって真っ直ぐに進んでください)

＊ **turn** の中心イメージがこの「回す・曲がる」動作。その応用でスイッチを回す **turn on/off**（つける／消す）などがあります。

ネイティブがよく使うフレーズ

Turn on/off the light.「電気をつけて／消して」

□ ★★★ **「変化する、転身する」**

The leaves usually turn orange and red at the end of October.
(葉はたいてい10月末には紅葉する)

＊日本人に馴染みがないのか、なぜかよく入試問題で出る用法が

これ。主語が飲食物ならば「味が変わる」という意味になります。

ネイティブがよく使うフレーズ

It's my turn.「私の順番だ」＊名詞で「順番」の意味もあります。
The vegetables have turned bad.「野菜が腐った」

□ ★★★「振り返る」

My cat turned his head when I called him, but he didn't come.
（飼い猫の名前を呼んだら振り返ったが、やって来なかった）

＊「回る」が転じて「振り返る」「（顔や視線を）向ける」「とんぼ返りをする」などの動作も表します。

ネイティブがよく使うフレーズ

turn the pages「ページをめくる」

□ ★★「ひっくり返る、逆転する」

The tables have turned, and now I'm Sam's boss.
（立場は逆転し、今や私がサムの上司だ）

＊物理的な「ひっくり返る」だけでなく、立場の逆転も表します。

□ ★★「…歳になる」

Naomi turned 30 last month.
（ナオミは先月30歳になった）

＊ turn a year older なら「1つ歳をとる」となります。

Track 002

002

hold

レスリングの「ホールド（動かないよう一時的に押さえる）」を想像してください。そのイメージから「耐える、もつ、収容する」と幅広く活用できる、まさに「意外に使える単語」です。

□ ★★「(ある状態に）保っておく、固定させる」

I hate it when people don't hold doors open.
（ドアを開けておかない人がいると嫌な気分になる）

＊まずはこの「一時的に固定された」イメージを頭にインプットしてください。これがholdの基本で、ここから意味が広がります。

□ ★★★「耐える、もちこたえる」

I'm afraid the dam won't hold.
（ダムがもちこたえられないんじゃないかと心配だ）

＊「一時的に固定された」イメージから、転じて「（物が重さなどに）耐える、もちこたえる」表現にもなります。

□ ★★★「(天気などが）もつ、持続する」

It looks like the weather will hold during the BBQ.
（バーベキューの間、天気はもちそうだ）

＊「もちこたえる」は物だけでなく、天気などにも使えます。日常的にかなり使う言い回しですから、ぜひ覚えてください。

□ ★★★「(電話を) 切らないでおく」

The secretary asked me to hold the line while she transferred my call.
(電話を転送する間、切らずにそのままで待つよう秘書は言った)

＊「ある状態を保つ」ことから、電話を（切らずにそのままの状態で）保留にする際の表現にもなります。

□ ★★「収容する、入る」

This room only holds 20 people. Do you think that's enough?
(この部屋には 20 人しか入らない。それで足りるかな？)

＊「もちこたえる」→「(人を) ギリギリ収容できる」というイメージ。

ネイティブがよく使うフレーズ
This bottle holds one liter.「このボトルには 1 リットル入る」

□ ★★★「(集会などを) 開く」

We're holding a memorial service tomorrow.
(明日、追悼式を開催します)

＊パーティなど、ある程度の人数を「収容できる」→「開催できる」とイメージを発展させると「なるほど」と納得できますよね？

Track **003**

003

text

日本人は「テキスト」と聞くと教科書を思い浮かべるでしょうが、ネイティブは文字を連想します。そこから最近は日常的に「メールを書く」なんて意味で使われるの、知ってましたか？

□ ★★★「(携帯の) メール」

Could you send a text to Sally on your phone?
(携帯でサリーにメールを送ってもらえる?)

＊「文字（**text**）を打つ」という動作から生まれた今時の意味が、「メール」。本来は **text message**（携帯電話のメール）だったのが短縮され、**text** のみになったと考えられます。

ネイティブがよく使うフレーズ

send a text「メールを送る」

□ ★★★「(携帯で) メールを打つ、メールを送る」

If you're going to be late, could you text me?
(もし遅れそうならメールしてくれる?)

＊スマートフォンなどの携帯電話からメールする際は、**text** だけで「メールを打つ」という動詞に。ちなみにパソコンからメールを打つ際は **email** を動詞として使います。

Would you mind texting me the schedule?
(スケジュールをメールで送ってもらえますか?)

*「メールを送信する」の意味でも使われ、最近は shoot も「(メールやデータなどを) すぐに送信する」の意味で使われます。

ネイティブがよく使うフレーズ

Please text me.「メールしてください」
text while walking「歩きながらメールを打つ」

□ ★★「テキスト、文字列」(コンピュータ用語)

Make sure you save the document in text format.
(間違いなくテキストフォーマットで文書を保存するように)

*コンピュータ用語で「テキスト」といえば、パソコン画面に表示可能な文字情報のことで、単に文字列を指す場合もあります。

ネイティブがよく使うフレーズ

text document「テキスト文書」

□ ★★「文章、本文」

The presentation is mostly okay, but I need to revise the text.
(プレゼンはほぼ大丈夫だけど、文章を修正しないと)

*文章や本文といった文字情報を指す言葉が、本来の text です。他にオリジナルの文章＝原本という意味もあります。

Track 004

004

put

putを「置く」だけだと思ったら大間違い。「目的の物を意図する場所に据える」イメージから、ある立場に「置く」、言葉に「表現する」など、実はネイティブが多用する万能単語です。

□ ★★★「(人をある立場に) 置く」

Parents should put their children's needs first.
(親は自分より子どもを優先すべきだ)

＊物理的な移動だけでなく、ある立場や状況に「置く」という意味で使い、**put A above B**で「**A**を**B**より優先させる」となります。

ネイティブがよく使うフレーズ
put freedom above all else「自由を何よりも重視する」

□ ★★「(ある場所に) 送る、行かせる」

Both my parents work full time because they have three children to put through college.
(3人の子が大学を出られるよう、両親はともにフルタイムで働いている)

＊目的の場所へ「送り込む」イメージから、**put through**で「(大学に) 送り込む」→「(大学を) 卒業させる」となります。親が子供を大学に行かせたいのは、英語圏も同じなのでしょうね?!

また「電話を送る」つまり電話の転送にも使えます。

ネイティブがよく使うフレーズ

I'll put you through.「(電話を) おつなぎします」＊電話の転送。

□ ★★「(目的の物を) 通す、通過させる、提出する」

The activists are hoping that the amendment will be put through the Diet next week.

(活動家は来週、改正案が国会を通ることを望んでいる)

＊「意図する場所へと据える」から、「(計画や議題を) スルーさせる」→「通過させる、提出する」となります。

ネイティブがよく使うフレーズ

put forth a motion「動議をおこす」

put an end「終止符を打つ」

□ ★★「表現する、(言葉に) 移す」

I didn't quite understand your explanation. Could you put it more simply?

(説明がよくわかりませんでした。もっと簡単に言ってもらえますか?)

＊「言葉に置き換える」と考えるといいでしょう。通常 put it ... で「(…なように) 表現する、言う」となります。

ネイティブがよく使うフレーズ

put it another way「別の言い方をする」

Track 005

005

trip

「何らかの目的での外出・旅」が本来のイメージですが、そこから「ステップを踏んで調子に乗り、つまずくなんて間違いを犯し…」と発想を広げると、trip の奥深さがわかります。

□ ★★★「(ちょっとした) 旅行」

Have a great trip. (良い旅を)

＊用事や遊びなど、何かしら目的がある旅が **trip**。そのため **business trip** で「出張」、**sightseeing trip** で「観光旅行」です。

□ ★★「(ある目的で) 出かける」

I took a trip to the bank.
(銀行へちょっと出かけた)

＊「銀行までの旅をした」ではなく、「用事で出かける」となります。近場への「お使い」をイメージするといいでしょう。

□ ★「(機械などを) 始動させる」

Somebody tripped the alarm.
(誰かがその警報機を鳴らした)

＊「出かける」イメージを機械に転じれば、「動かす」となります。スイッチをひょいと弾いて（trip させて）、動かすイメージです。

□ ★★「つまずく、引っかかる」

He tripped on a tree root.
（彼は木の根でつまずいた）

＊軽やかに歩くが、転じて「つまずく」に。そして「つまずく」なんて間違いを犯すことから「間違える」と連想しましょう。

□ ★★「間違える、言い損ねる」

I have never known him to get tripped up on such details.
（そんな些細なことで彼が惑わされるのは見たことがない）

＊ trip には「引っかかる」ニュアンスがあり、そこから「つまずく、間違える」に。そして間違いからさらに「言い損ねる」へとイメージが広がっていきます。get tripped up で「惑わされる」です。

□ ★「（麻薬などで）トリップする、幻覚を体験する」

John looks like he's tripping. Does he take drugs?
（ジョンはトリップしてるみたい。ドラッグでもやってるの？）

＊日本語でもそのまま「トリップする」と使われているスラングです。通常 be tripping の形で用います。

Track **006**

006

run

ある方向への連続した、滑(なめ)らかかつスピーディな動きを表します。「(電車が) 運行する、(液体が) 流れる、(会社を) 経営する」といった「淀(よど)みない動き」をイメージしましょう。

□ ★★★「ひとっ走りする、走らせる、逃げる」

I'll be right back, I just need to run to the convenience store.
(すぐに戻るよ。ちょっとコンビニまでひとっ走りしないと)

＊ただ走るだけでなく、主に車で「ひとっ走りする」という意味になり、**run to the station** なら「駅までひとっ走りする」です。

I like to run with my dog around the park a few times every evening.
(毎晩、公園の周りで犬を走り回らせるのが好きだ)

＊他動詞＋目的語の形にし、**run a dog** で「犬を走らせる」です。

Mary ran away when she saw the snake.
(メアリーは蛇を見て逃げ出した)

＊「競争する」「かけ出す」「逃げる」などの意味もあり、緊急時に **Run!** と言えば「逃げろ！」となります。

□ ★★「運行する」「動く」

The train runs every three minutes.
（その電車は3分おきに運行する）

This car runs on water.（この車は水で動く）

＊「トラブルなく動く」ことから定期的な運行を表し、また「滑らかかつスピーディ」な動作から「（機械が）動く」にもなります。

□ ★★「（液体などが）流れる」

Did you hurt yourself? There's blood running down your cheek.
（ケガした？ 頬に血が流れてる）

＊「（個体が）溶け出す」「（丸い物が）転がる」「（ストッキングが）伝線する」などの連続した動きも、すべてrunのイメージです。

ネイティブがよく使うフレーズ
My nose is running.「鼻水が出ている」

□ ★★★「（会社などを）経営する、運営する」

My wife runs her own business from home.
（妻は家で事業を営んでいる）

＊経営は「問題なく素早く動かす」ことが必要なため、実はrunのイメージがぴったり。またリスクとも背中合わせのため、run a riskで「危険を冒す」などの表現も可能になります。

Track **007**

007

book

名詞と動詞でかなりイメージの違う語です。しかし「本」のような「名簿」に書き込んで「予約」して「予定」を立て、はたまた「出演契約をする」…なんて考えると納得できますよね？

□ ★★★ **「予約する」**

You can book a seat in advance.
（前もって席は予約できます）

＊台帳に書き込んで「予約」した名残から、**book** で「予約する」となります。食事や部屋だけでなく、あらゆるものの予約に使えます。

ネイティブがよく使うフレーズ

book a table「（レストランなどのテーブル）席を予約する」
be booked up「全室完売だ、予約で満席だ、先約がある」

□ ★ **「予定する」**

I booked Nancy for the main speech.
（私はナンシーをメインの講演者にする予定だ）

＊「予約する」の応用表現で「予定する」の意味も。主に **book a person for ...** で「（人）と…を予定している」となります。

□ ★★「(出演などの) 契約をする」

We've booked them to sing for two days beginning tonight.
(今夜から２日間の予定で彼らに歌ってもらうよう契約した)

＊「出演予約」を「ブッキングする」と言うのは、この意味から。

□ ★★「名簿、帳簿」

He put Terry's name on the books.
(彼はテリーの名前を名簿に載せた)

＊複数形だと、名前がたくさん記載された「帳簿」という意味に。綴じられた物を指すため、**book of tickets** で「回数券」です。

□ ★「調書を取る」

He was booked for armed robbery.
(彼は強盗罪で調書を取られた)

＊「警察の記録に載せられる」から「調書を取る」になります。

□ ★★★「本、著述、著作、脚本、台本」

Did the movie do the book justice?
(映画は原作本に忠実だった?)

＊「文字を書いて綴じた物」を広く表すため､「本」以外に「著述、著作、脚本、台本」などさまざまな物を意味します。

Track 008

008

just

口癖のように頻繁に使われるわりに、これほど翻訳者泣かせの単語はありません。「まさに、ちょうど、まったく」といった「意味がありそうでなさそうなイメージ」こそ、just の持ち味です。

□ ★★「正しい、公平な、公明正大な」

Our mother always tried to be just with punishment if we broke a rule.
（私たちがルールを破ったら、母はいつも公平に罰を受けさせようとした）

＊ just にこの意味があることを知らない人も多いのでは？ justice（正義、公正）と同じ語源ゆえに「公平な」となります。

□ ★★★「まさに、ちょうど、まさしく」

Did you hear that noise just now?
（ちょっと今の物音を聞いた？）

＊これぞ just ならでは。言葉の端々に微妙なニュアンスを添えます。

□ ★★★「ほんの今、ちょうど今」

Bob has just started working here, so he's still learning.
（ボブはここで働き始めたばかりだから、まだ勉強中だ）

The meeting is just starting.
（ちょうど今、会議が始まるところだ）

＊過去形や完了形とともに用いると「ちょうど今（…したばかり）」、また進行形なら「ちょうど（…して）、…しかかって」など、「まさに今」というニュアンスをプラスできます。

□ ★★★ **「ほんの…、ちょっと」**

Could I have just a little more salad?
（もう少しサラダをもらえますか？）

＊日本語の「ちょっと」とイコールで、わずかな量・数を表します。**just a bit** で「ほんの少し」、**just a few** で「ごくわずかの」です。

□ ★★ **「まったく、本当に」**

I'm just exhausted! Let me sit down and rest.
（本当に疲れた！　座って休ませて）

＊ **just the facts** なら「まぎれもない事実」などとなります。

□ ★★ **「かろうじて、たぶん」**

If John hurries, he just might make it to work on time today.
（急げばたぶん今日、ジョンは納期に間に合うだろう）

＊ **might** と共に用いると「たぶん…だろう」という曖昧表現に。

Track **009**

009

hand

「手助け」や「持っている」などはご存知でしょうが、手中に収める「支配力、影響力」、手をあげる「参加」、手を組む「関係する」など、日本語に近い感覚で使える単語です。

□ ★★★ **「手助け、助力」**

Sarah, could you give me a hand with this?
(サラ、これを手伝ってもらえる?)

＊ give someone a hand で「手を貸す、手助けする」。まさに日本語と同じイメージで使えるので覚えやすいはず。

ネイティブがよく使うフレーズ
Do you need a hand?「手伝おうか？」

□ ★★ **「手渡す、取ってやる」**

I was nervous when I handed him my passport.
(彼にパスポートを渡した時、緊張した)

＊動詞の場合、「手渡す」「取る」など手を使った動作を表します。

ネイティブがよく使うフレーズ
Can you hand me the salt?「その塩を取ってくれる？」

□ ★「管理、所有、支配力、影響力」

This problem is out of my hands.
（この問題は手に負えない）

＊「手に負えない」とは管理しきれないこと。複数形の hands で「支配、影響力」といった意味になります。

□ ★★「参加、関係」

I had a hand in that project.
（私はそのプロジェクトに参加した）

＊ a hand で関係を意味し、have a hand in ... で「…に関係する」。

□ ★「(時計などの) 針、手に似た形の物」

The minute hand on my watch seems to be broken.
（腕時計の分針が壊れているようだ）

＊ the hour hand は「時針」、the second hand なら「秒針」です。

□ ★★「側、面」

I have blisters on both hands from playing the guitar.
（ギターを弾いているせいで両手にマメがある）

＊ on both hands で「両手に」となります。

Track 010

010

might

使いこなせたら一番便利な単語が might かもしれません。助動詞ならではの「…かも」や「ひょっとしたら」といった微妙な言い回しが可能になり、表現力が広がること間違いなし！

□ ★★★「…かもしれない」

The weather forecast said it might rain today, so take an umbrella with you.
（天気予報によると今日は雨が降るかもしれないから、傘を持っていきなさい）

＊不確実な推量を表わす場合、may より might を使うのが一般的。断言できないことは、might で曖昧に表現しましょう。

□ ★★★「…したかもしれない（でも現実は違う）」

I might have passed the test if I had studied harder.
（もっと勉強すれば、試験に合格したかもしれない）

＊現在の事実とは反対のことを表す仮定法です。そのため実際は「試験に合格していない」ことになります。

□ ★★★「…するために、…できるように」

He took a taxi instead of walking so that he

might arrive at the station earlier.
(先に駅に着くよう、彼は歩く代わりにタクシーに乗った)

＊本来は so that ... may で「…するように」ですが、時制の一致により過去形の might にします。

□ ★★「たとえ…であったにしても」

Ed might be tall, but that doesn't mean he's good at playing basketball.
(エドは背が高いかもしれないが、だからといって彼がバスケットボールがうまいわけではない)

＊後に but が続くと「…かもしれないが」となります。

□ ★★★「…してもいいでしょうか」

Might I ask what your profession is?
(あなたの職業をお聞きしてもよろしいでしょうか?)

＊ May I ...? より丁寧に許可を求めるなら Might I ...? を使いましょう。へりくだって質問する時のフレーズです。

□ ★★「力、権力」

Shohei Ohtani swung the bat with all his might and hit a home run.
(大谷翔平は全力でバットを振ってホームランを打つ)

＊名詞だと「力」を表し、by might で「力ずくで」となります。Mighty Atom（鉄腕アトム）の mighty は might の形容詞です。

Track 011

011

last

連続した物の一番最後を表すため、「最後の」という意味もあれば「最新の」や「最近」、「続く、もちこたえる、足りる」という意味にもなる、「意外に使える」単語です。

□ ★★「続く、持続する」

I don't think my money will last another week.
（あと1週間もお金がもたないと思う）

＊動詞だと、なぜか最後ではなく継続を表すのが last の面白いところ。時間的に「続く」ことを意味します。

□ ★★「（ある期間のみ）間に合う」

This large pizza will last us about two days.
（これだけ大きなピザなら2日ぐらいもつだろう）

＊「続く」の期間を限定すると「…の間だけ間に合う」となります。

□ ★★★「最後の」

Check the last page of the manual for instructions.
（マニュアルの最終ページの指示を確認してください）

＊最も一般的な **last** の意味がこれです。時間や順番の一番終わりに対して用います。

□ ★★★「最後に、残った」

You're our last hope.
（あなたが私たちの頼みの綱だ）

＊ **last hope** で「最後の望み（頼みの綱）」となり、**the last piece of cake** なら「ケーキの最後の一切れ」です。

□ ★★「最も…しそうにない人・物」

Carla was the last person chosen for the project, but she works the hardest.
（カーラはそのプロジェクトに最も選ばれそうになかったが、彼女が一番頑張っている）

＊ **the last person** で「最も…しそうにない人」となります。

□ ★★★「すぐ前の、昨…」

I had to work overtime last night, so I got home later than usual.
（昨夜は残業しなければいけなかったので、いつもより遅く帰宅した）

＊時を表す名詞の前に置き「すぐ前の…」となります。ちなみに「昨日」は **last day** とは言わず、**yesterday** を使います。

Track 012

012

leave

「元の状態のまま」にして「去る」という2つのイメージを持つ動詞です。「放っておく」と「去る」をそれぞれ単独で使うこともあれば、「置き忘れる」と合わせ技でも使えるようにしましょう。

□ **★★★「(今いる場所を) 去る、離れる」**

The train left Tokyo for Yokohama.
(電車は東京を出て横浜に向かった)

＊ **leave for ...** (…を後にする) はある場所へ向かうため今いる場所を離れる際に使う、「今いる場所」を中心にした表現です。

□ **★★★「(目的地に向かって) 出発する」**

I'm going to leave at 10:00.
(10 時に出発します)

＊今いる場所ではなく、目的地を中心にした表現になります。微妙に1つ前の表現と違うのがわかりますか？

□ **★★「やめる、退職・退学する、脱退する」**

Tom left our company last winter.
(トムは去年の冬に弊社を退社しました)

＊「(一瞬) 去る」だけでなく、「完全に離れる」意味にもなります。

ネイティブがよく使うフレーズ

leave school「退学する、卒業する」
leave one's group「グループから脱退する」

□ ★★「(…の状態) にしておく、放っておく」

I left my clothes hanging outside, and they got wet from the rain.
(外に服を干しっぱなしにしたら、雨に濡れてしまった)

＊「元の状態のまま放っておく」の用法です。主に、目的語が場所の場合「去る」、物の場合「放っておく」となります。

□ ★★「置き忘れる」

I think I left my smartphone at this bar last night.
(昨夜このバーにスマートフォンを置き忘れたと思うのですが)

＊意図せず元の場所に放っておく場合、「置き忘れる」となります。

□ ★★★「残す、置いて行く」

I'd like to leave a message for Mr. Green.
(グリーンさんに伝言をお願いしたいのですが)

＊意識的に目的の物を置いておく際の表現で leave a message で「伝言を残す」、leave a fortune で「財産を残す」です。

Track **013**

013

let

使役動詞が苦手な人は多いようですが、「…に…させる」という間接的な表現をするのに便利です。中でも let は人の思い通りにさせてあげる気持ちのいい言葉。ぜひ活用してください！

□ ★★★ **「(人に…) させましょう」**

Let me carry some of your bags.
(カバンをお持ちしましょう)

＊人に対し何かを申し出る際の定番表現です。**Let me ...** と目的語を **me** にすると「…させてください」と許可を請うニュアンスに。

□ ★★★ **「(物が) …するに任せる、…させる」**

The steak will taste better if you don't let the meat overcook.
(ステーキは肉を焼きすぎないほうがおいしいよ)

＊物に対して **let** を使うと「…が…するに任せる」と放任するニュアンスに。否定文なら「…が…しないようにする」となります。

□ ★★★ **「(人にしたいように) …させる」**

My car broke down, so my dad is letting me

borrow his until it gets fixed.
(車が壊れたから、直るまでは父が車を貸してくれる)

＊「…させてくれる」と希望通りになる表現です。

ネイティブがよく使うフレーズ
Let me try.「私にやらせて」

□ ★★★「(人・物を…の状態に) させる」

Open the curtains and let some sunshine in.
(カーテンを開けて光を入れよう)

＊目的語の後に補語を続けると「(補語の状態に) させる」です。

□ ★「…しなさい」

Let's have a seat and we can start the meeting.
(お座りください、会議を始めます)

＊目上の人が部下にlet's do ...(let us do ...)と言えば「…しなさい」という穏やかな命令になります。

□ ★「仮に…としてみよう」

Let's assume that things don't go as planned. We need a backup plan just in case.
(物事が計画どおりに行かないとしよう。念のため代替案が必要だ)

＊ Let's ... を仮定を表す動詞（ここでは assume）と共に用いると、「仮に…としてみよう」と、たとえ話を始めることができます。

Track **014**

014

know

know は「知る」だけではありません！ 「見聞きしている、精通している、見分ける、経験する」などさまざまな知覚を表し、軽いニュアンスはもちろん、堅いフォーマルな表現にも使えます。

□ ★★「(…に) 精通している、(…を) 熟知している」

Mary knows Spanish, English and Japanese.
(メアリーはスペイン語、英語、日本語ができる)

＊言語に対して用いると、「よく知っている」→「できる」というニュアンスに。

□ ★★★「見分ける、見て…とわかる」

I knew it was her right away, since I had seen her picture.
(彼女の写真を見たことがあったので、すぐに彼女だとわかった)

＊「見てわかる」ことも **know** で表せます。他に「区別する、識別する」の意味で用いることも可能です。

□ ★「確信している、間違いないと思う」

I know you can do it. (あなたなら大丈夫)

＊間違いないと自信を持って発言する際に使います。

□ ★★「経験する、味わう」

He knows poverty only in the abstract.
（彼は理屈でしか貧乏を知らない）

＊主に「幸・不幸に関係する経験」に対して用います。

□ ★「知っている人・こと」

Linda seems to be in the know.
（リンダは内情に通じているようだ）

＊名詞の know は、ほぼ in the know（内情に詳しい）の用法です。

□ ★★★「(…が…するのを) 知っている」

Stacy was known for her kindness.
（ステイシーは親切なことで知られていた）

＊ be known for ... で「…で知られている、…で有名である」。

□ ★★★「(…を) 知っている、聞いている」

Did you know about the party on Friday?
（金曜日のパーティのことを聞きましたか？）

＊ know about で「(…のことを) 知っている」と、何かしら見聞きしていること、承知していることをいいます。

Track 015

015

make

「作る」の最も一般的な語ですが、ここで覚えたいのは「何かをする、間に合う、やりくりする」という用法。こんな「こなれた英語」が使いこなせたら、一人前です！

□ ★「(…に) 進む、向かっていく」

Ellen made straight for home after school.
(エレンは放課後まっすぐ帰宅した)

＊後に for や toward が続き、「まっすぐ行く」というニュアンスに。

□ ★★★「…する」

Make sure to lock the door when you leave.
(出るときはドアに鍵をかけるのを忘れずに)

＊後に補語が続いて make sure で「間違いなく…する」、make merry なら「はしゃぐ」となります。

□ ★★★「行なう、する」

I had to make a speech at my friend's wedding.
(友達の結婚式でスピーチをしなくてはいけなかった)

＊ **make a ...** の後に動作に関わる名詞が続くと、「…を行う」と少し強調した言い回しになります。**make a decision** なら「決断する」、**make a mistake** なら「間違える」です。

□ ★★「間に合う」

You'll make the train if you hurry.
（急げば間に合うよ）

＊「何とかする」というニュアンスで、**make it (to)** も同じ意味に。

ネイティブがよく使うフレーズ
I can make it.「間に合うよ」

□ ★★「やりくりする、間に合わせる」

We can make do with this box, since we don't have a table.
（テーブルがないけど、この箱で間に合わせられる）

＊ **make do** で「やりくりする、間に合わせる」となり、**Can we make do with this?** なら「これで何とかなる？」です。

□ ★★「…になる」

One and two makes three.　（1足す2は3になる）

＊「（…の結果）…になる」と結果を表します。

Track 016

016

now

あまり知られていませんが、now はなかなか使える単語です。時を表すだけでなく、人をせかす、話を変える、また人をなだめるのも OK と「使わなきゃ損」な単語です。

□ ★★★「今、もう」

It's probably going to snow any day now.
（多分もう今すぐにでも雪が降り始めるだろう）

＊進行形だと「今すぐ」のニュアンスが強調されます。

□ ★★★「たった今、今しがた」

The train left the station just now.
（たった今、電車が駅を出発したところです）

＊過去形や完了形で用いると「ちょうど今（…した・したところだ）」というイメージに。**just now** で「ちょうど今」です。

□ ★「…である以上は、今や…であるからには」

Now that you're here, could you help me with this project?
（ここにいるからには、このプロジェクトを手伝ってもらえる？）

＊主に now that のフレーズで「……なのだから」となります。

□ ★★「今、目下、現在」

Now is a good time to take a break.
（休憩するなら今がちょうどいい）

＊名詞の用法で Now is the time ... で「今が…の時だ」です。

□ ★★「今の…、現在の…」

Sam is now in charge. （サムが現在の担当者です）

＊口語で主に使われ、now government なら「現政権」。

□ ★★★「ちゃんと、さて、ところで」

Now listen to me. This is very important.
（ちゃんと話を聞いて。これはとても大切なことだから）

＊話題を変えたりする時の便利な一言。さあ、ぜひ使いましょう！

□ ★★「まあまあ」

Now, now, getting angry is not going to help anything.
（まあまあ、怒っても何の得にもならないよ）

＊人をなだめる時の声かけに便利な言葉です。

Track 017

017

manage

「どうにか…する」「都合をつける」「経営する」など、困難な状況でも何とか対処する際に用いる語です。派生語のmanager（マネージャー）は、まさにこのイメージですよね？!

□ ★★★「何とかやっていく、どうにかやっていく」

I think I can manage without your help, but thanks for asking.

（手伝いがなくても何とかなりそうだけど、声をかけてくれてありがとう）

＊ can/could と共に用いて、どうにかうまく切り抜ける際に使います。manage without ... なら「…なしでどうにかやっていく」。

ネイティブがよく使うフレーズ

manage one's money「うまくお金をやりくりする」

□ ★★★「どうにかして…する」

I managed to finish and submit the report on time.

（何とか時間どおりに報告書を仕上げて提出した）

＊ manage to do で「どうにかして…する」と、ギリギリのところで何とか物事に対応する際の表現です。

□ ★★★ **「経営する、管理する」**

Tom used to work for a big company, but now he manages his own business.
(トムはかつて大企業に勤めていたが、今は自分で事業をしている)

＊他に「(家事などを) 切り盛りする、(チームなどを) 統率する」などの表現もあり、自らメインとなって動かすことを表します。

ネイティブがよく使うフレーズ
manage a company「会社を経営する」

□ ★★★ **「上手に扱う、うまく使う」**

I'm not great at steering a boat, but I can manage it without much trouble.
(船の操舵が得意というわけではありませんが、さほど問題なく操縦できます)

＊うまく物をあしらうことから、「(船などを) 操縦する」「(馬などを) 御(ぎょ)する」などの意味合いで用います。

ネイティブがよく使うフレーズ
manage pain「痛みをコントロールする」

□ ★★★ **「事を処理する」**

I can manage my own affairs.
(自分のことは自分で処理できます)

＊「対応する、処置する」という意味にもなります。

Track **018**

018

mind

ネイティブが mind を使うのは、名詞の「心」より動詞の「注意する、気をつける」。Mind the door.（ドアに気をつけて）やIf you don't mind（もしよかったら）など日常生活で大活躍です。

□ ★★★「(…に）注意する、用心する」

Mind your manners when our friends come over for dinner tonight.
（今夜のディナーに友人が来たら行儀よくしてね）

＊ Mind ... の命令形は「…に気をつけなさい」と、人をたしなめるニュアンスに。子供に注意する際によく使います。

ネイティブがよく使うフレーズ

Mind your head.「頭上に気をつけて」

□ ★★★「気にする、嫌と思う」

If you don't mind, could you take a look at this letter?
（よかったら、この手紙に目を通してもらえる?）

＊「嫌でなければ」→「よかったら、差し支えなければ」となります。

Would you mind opening the window?
（窓を開けてもらえますか?）

＊ Would you mind ...? で「…を気にしますか？」→「…してもらえますか？」という丁寧な依頼に。mind の疑問文の場合OK するなら No.（気にしません）、「嫌です」なら Yes.（気にします）と、普段とは逆の答え方になるので要注意！

ネイティブがよく使うフレーズ

I don't mind.「気にしない、どちらでもいい」

□ ★★「心、精神、…な心の持ち主」

I felt stressed, so I went for a walk to clear my mind.
（ストレスを感じたので、気分転換に散歩をした）

＊名詞の mind の一般的な用法で、mind and body で「心身」。

□ ★★「記憶、回想」

Keep in mind that we have a meeting this week.
（今週、会議があるのを忘れないでね）

＊ keep in mind で「覚えておく」「忘れないでいる」。

□ ★「意見、考え、意向」

I have a mind to go back to college to boost my career.
（キャリアアップのため大学へ行き直すつもりだ）

＊ have a mind to do ...（…するつもりだ）で願望を伝えられます。

Track 019

019

pass

日本語の「パスする」は、物を手渡すことや試験に合格することですが、pass 本来のイメージは「通り過ぎる」で、物理的な通過はもちろん時間の経過、形の変化なども表現します。

□ ★★★「(時が) たつ、過ぎ去る」

Many days have passed since he left.
(彼がいなくなってから何日も経った)

＊時間や日にちなど、さまざまな時の経過を表します。

□ ★★★「立ち去る、消え去る」

The hurricane has passed. (ハリケーンが去った)

＊何かがどこかへと去ること、消滅することを表します。

ネイティブがよく使うフレーズ

Time passes quickly.「時が経つのは早い」

□ ★★★「通り過ぎる、通り越す」

I passed by the new computer shop on my way here.
(ここに来る途中、新しいコンピュータショップを通り過ぎた)

＊ pass by は非常によく使う句動詞で「(時が) 通り過ぎる、(付近を) 通りがかる、(チャンスなどが) 通り過ぎる」など、さまざまな「スルーしてしまう物」を表します。

ネイティブがよく使うフレーズ

No passing.「追い越し禁止」 ＊標識などで。

□ ★★「(物を手で) 渡す」

Could you pass me that USB drive?
(そのUSBドライブを渡してもらえる?)

＊手の届く範囲の物を取ってもらう際の表現です。

ネイティブがよく使うフレーズ

Could you pass me the salt?「塩を取ってくれる？」

□ ★★★「(試験などに) 合格する」

I passed my qualification exam.
(資格試験に合格した)

＊「パス (合格) する」のイメージのまま使える表現です。

□ ★「山道、峠」

This pass is really narrow. (この山道はとても狭い)

＊似た単語の path は「小道」で、pass は「(困難な) 山道」。余談ですが、Did you pass gas? で「おならした？」です。

Track **020**

020

change

日本語で「変える、替える、代える」と言い変えるのと同じく、英語も change の1単語でさまざまな「かえる」を表現できます。お金が「変化」することから「両替」にもなります。

□ ★★★「変える、転じる」

I'm thinking of changing my hairstyle.
(髪型を変えようと思っているんだ)

＊ change は主に良い方向へ変える際に用います。また次へと転じるイメージから、乗り物を「乗り換える」際にも使えます。

ネイティブがよく使うフレーズ

change one's mind「考え直す」
change trains「電車を乗り換える」

□ ★★「(場所などを) 交替する」

Would it be okay to change seats with you?
(席を替わってもらってもいいですか?)

＊「お互いに変える」ことから「交替する」となり、同時に交換する時は change seats のように複数形にします。

□ ★★「(オムツやシーツを) 替える」

Does this restroom have a table for changing diapers?
(このトイレには赤ちゃんのおむつ替え用のテーブルはありますか?)

＊ change a bed なら「シーツを取り替える」、また名詞の changing table で「オムツ替え用テーブル」となります。

□ ★★「変更、修正」

There will be some changes made to our return policy starting next year.
(来年から返品規定を一部変更します)

＊主に複数形で用い、他に「推移、変遷」といった意味にもなります。change of address なら「住所変更」です。

□ ★★★「両替する、(小額硬貨に) くずす、小銭」

I'd like to change this money into Japanese yen, please.
(このお金を日本円に両替してください)

This vending machine doesn't take bills. Do you have any change?
(この自動販売機ではお札が使えない。小銭を持ってる?)

＊ Do you have any change? は単に小銭がほしいのではなく、お札を小銭にくずしてほしい場合に使うフレーズです。

Track **021**

021

do

「『やる』以外にどんな意味が?」と思う人も多いでしょう。「処理する、旅行する、間に合う」など、さまざまな動作を代用できる「超使える単語」です。ぜひ使いこなしましょう!

□ ★★★「(任務を) 行う、遂行する」

Do I need to do these reports before I go home?

(帰る前にこれらの報告書を作らないといけませんか?)

* do a report(報告書を作る)、do some search(研究する)、do some repairs(修理する)など目的とする行動を表します。

□ ★★「(日常的なことを) 処理する、行う」

I'll do the dishes after dinner today, so you do them tomorrow.

(今日は私が夕食後の皿洗いをするから、明日はあなたがやってね)

* do the ... で「(日常的な物・仕事など) を処理する、行う」となり、習慣的な行動や家事を表します。

ネイティブがよく使うフレーズ

do the laundry「洗濯をする」/ do the cleaning「掃除する」

□ ★★「旅行をする」

On my trip to Europe, I did 10 countries in 30 days.
(ヨーロッパ旅行中、10 か国を 30 日間で見て回りました)

＊ある距離を移動すること、踏破することを意味します。

□ ★★「間に合う、用が足りる、役立つ」

I wish I had more time to finish the report, but that'll do for now.
(報告書を仕上げる時間がもっとあればよいが、今はこれでよしとしよう)

＊ do for ... で「間に合う、有用だ」という意味になります。

ネイティブがよく使うフレーズ
What can we do for you?「どういったご用件でしょうか？」

□ ★★「与える、もたらす」

Computers do us good, but they also do us harm.
(コンピュータは私たちに良いことも悪いことももたらす)

＊ do ... で「(利益や損害を) 与える」、そこから do good で「良いことをもたらす」、do harm で「悪いことをもたらす」です。

ネイティブがよく使うフレーズ
do someone a service「人の役に立つ」

Track **022**

022

floor

「floor が使える単語?」と思うのも当然。「床、…階」と本来かなり地味な（?）単語ですが、実はフォーマルな場でも使える意外な一面のある言葉です。

□ ★★ **「(議会・討論会などの) 議員席、参加者」**

I need to present some issues to the floor.
(参加者にいくつか問題を提起しなくては)

＊一段上の演壇に対し、下の **floor**（床）にあることから「(議会などの）参加者（の席)」を意味します。

ネイティブがよく使うフレーズ
questions from the floor「参加者からの質問」

□ ★★ **「発言、発言権」**

If you let me have the floor, I can do the talking for you.
(発言させてもらえるなら、みなさんにお話があります)

＊ **have the floor** で「(議会などで）発言する、発言権を得る」。

ネイティブがよく使うフレーズ
The floor is yours.「お話しください」

□ ★★「(人を) びっくりさせる、困らせる」

The beautiful performance floored me.
(その美しい演技に圧倒された)

＊口語で「閉口する、まごつかせる」といったニュアンスです。

ネイティブがよく使うフレーズ
I was floored.「圧倒された」

□ ★★★「床、床板」

My new apartment has a lot of floor space.
(今度のアパートは床が広い)

＊最も一般的なfloorのイメージで、floor spaceで「床面積」です。

□ ★★「(建物の) 階、フロア」

We get good sunlight on the 4th floor.
(4階は日当たりがよい)

＊米英で異なる表現の代表が、フロアの数え方です。「1階」は米だと the first floor、英では ground floor です。

□ ★★「(海などの) 底」

We dove down to the ocean floor.
(私たちは海底まで潜った)

＊ the floor と the をつけると、海底のような底面を指します。

Track **023**

023

play

play を「遊ぶ」の意味で使うのは、基本的に子供だけ。大人の場合 enjoy oneself などで表現します。スポーツや楽器の演奏、娯楽など幅広く「演じる、行う」を表します。

□ ★★「役割を果たす、(…らしく) ふるまう」

He plays a huge role in the company.
(彼は会社で大きな役割を果たしている)

＊「(役割を) 演じる」と考えれば、play を使うのも納得です。

ネイティブがよく使うフレーズ
play one's part「役目を果たす」

□ ★★「(試合などを) する、(…として) 起用する、試合」

Do you want to play me in a game of basketball?
(バスケットボールの試合で私を起用しますか?)

He ended the play with a slam dunk.
(彼はスラムダンクで試合を終わらせた)

＊「(試合に) 出す、(人をあるポジションに) 起用する」、また名詞で「試合」にもなります。

□ ★★「(楽器・曲を) 演奏する」

Let's play some music while we eat.
(食事の間、音楽を演奏しましょう)

＊音楽関係に play を使うと「(楽器や曲を) 演奏する」となります。

ネイティブがよく使うフレーズ
play a record「レコードをかける」

□ ★★「楽しむ、戯れる」

It's been fun playing around with the new software.
(新しいソフトウェアをいじるのは楽しい)

＊この play は「ちょっと遊ぶ、いじる」というニュアンス。

□ ★★「遊び、遊戯」

He likes to work hard and play hard.
(彼はよく働きよく遊ぶのが好きだ)

＊ work（仕事）との対比で play（遊び）を使った例です。

□ ★★「芝居、演劇」

My daughter got a role in the school play.
(娘は学芸会で役をもらった)

＊他に「劇、戯曲、脚本」など、演劇関連の意味もあります。

Track **024**

024

move

幅広い「動き」を表現する単語です。物理的・肉体的な動きだけでなく、家や学校、職場、心、時間、物事、話題など、さまざまな物の移動や動作を意味します。

□ ★★★「引っ越す、転勤・転職・転校する」

I moved out of my parents' home when I was 20.
(20 歳の時に私は実家から出た)

＊家や所属の移動（異動）・移転など、肉体的な移動以外も表現します。

□ ★★「感動して…する、…する気にさせられる」

I was moved to tears. （感動のあまり涙を流した）

＊「心が動かされる」→「感動する、その気になる」というイメージ。主に **be moved to ...** の形で用います。

□ ★★「(時・物事が) 経過する、進展する」

This year has been moving by so quickly.
(今年は時間が経つのがはやい)

＊ move to the next grade（進級する）など、時間の経過や物事が次へと進展していく様子を表します。

□ ★★「(話題などが) 移る」

Let's move on to the next topic of discussion for today's meeting.
（今日の次の議題に移りましょう）

＊話題や議題など、話の展開にも用いられます。

□ ★★「行動する、措置（そち）を講じる」

We need to move quickly to finalize the deal.
（すばやく行動して取引をまとめる必要がある）

＊「手を打つ、対応する」など、頭を働かせて措置を講じるイメージ。

□ ★★★「移動する、動く」

This cafe is crowded. Let's move to a quieter place.
（このカフェは混んでいる。もっと静かな所へ行こう）

＊最も一般的な move で、目的に向かっての移動を表します。

ネイティブがよく使うフレーズ
move forward/backward「前進／後退する」

Track 025

025

see

「見る」ではなく「見てわかる」と覚えるといいでしょう。「わかる、気づく、注意する、調べる」といった意味の他、I see. や let me see などの相づちでも多用される「ザ・使える単語」です。

□ ★★「会う」

Do you see her every week?（彼女に毎週会ってるの？）

＊人を見送る際のあいさつ See you. の see が、まさにこれです。

□ ★★★「わかる、理解する、気づく」

I don't see what the problem is.
（何が問題なのかわからない）

＊ understand ほど堅くなく、気軽に「わかる」と言えるのが see です。I see.（なるほど）の軽いニュアンスがまさにそれ！

ネイティブがよく使うフレーズ
I see what you're saying.「おっしゃることはわかります」

□ ★★「調べる、確かめる、見てみる」

Let's see what happens.（どうなるか様子を見よう）

＊「見て確かめる」というニュアンスで、**Let me see who it is.**（誰が来たか見てきましょう）などもこの **see** です。

□ ★★**「つきあう、交際する」**

Are you seeing anyone?
（誰かつきあってる人はいる?）

＊見て・わかりあうが「交際」にまで発展したと考えましょう！

□ ★★**「見送る、送り届ける」**

My secretary will see you to the door.
（秘書がドアまでお見送りします）

＊ **see off**（見送る）の形で使われることが多いです。

ネイティブがよく使うフレーズ
Thank you for seeing me off.「お見送りありがとう」

□ ★**「（物事が）起こる、経験する」**

The following year saw the company achieve great success.
（その翌年、会社は大きな成功を収めた）

＊「ある時…が起こった、…した」と客観的な事実を述べることができます。説明文などで多用される便利な用法です。

Track 026

026

look

lookは主に「静止している物を見る」なので、Look at the star!(星を見て)などと言います。「見る」だけでなく、「(…のように) 見える、…らしい」など、見た目も表現します。

□ ★★「(顔つき・様子が…に) 見える、思われる」

You don’t look so good. Sit down and rest for a bit.
(具合が悪そうだ。座って少し休みなさい)

＊客観的な見た目を表し、You look ... で「…(みたい) だ」。

□ ★★「(…に) なるらしい、(…と) 思われる」

I’m so busy. It looks like I’ll have to work overtime today.
(すごく忙しい。今日は残業しなければいけなくなりそうだ)

＊「…のようだ」と客観的な感想を述べる時にも使えます。

□ ★★「(表情・態度を) 見せる、伝える」

Ben didn’t say anything, but looked at Tom

with displeasure for wasting his time.
(ベンは何も言わなかったが、時間を無駄にしたトムに不満そうだった)

＊表情や態度で気持ちを表す際にも使い、自分が「見る」だけでなく、人に「見せる」と逆の意味にもなるのが面白いところです。

□ ★★★「(注意して) 見る、眺める」

Tonight was a good night to look at the stars.
(今夜は星を見るのにふさわしい夜だった)

＊「静止している物を注視する」ニュアンスがよく出ています。

□ ★★「外見、容貌」

People say that Brad has good looks and should be a model or an actor.
(ブラッドは見た目がいいので、モデルか俳優になるべきだと言われる)

＊まさに日本語の「ルックス」で、常に複数形で容姿を指します。

□ ★★「顔つき、目つき、一目」

I don't know why Karen is giving me dirty looks.
(なぜカレンが嫌な顔をするのかわからない)

＊ give someone ... look で「人に…な顔を見せる」となり、人に対する顔つきや目つきを表します。

Track 027

027

take

「使い勝手がよすぎて困る単語」です。「取る、持って行く、(時間が) かかる」などあらゆる表現が可能ですが、ここでは日常的に使い勝手のいい表現のみを厳選して紹介します。

□ ★★★「持って行く」

Don't forget to take your umbrella.
(傘を持って行くのを忘れないで)

＊実際に「自分で手に持って」出かけるイメージが take。

□ ★★「連れて行く、案内する」

My husband volunteered to take the kids to see a movie.
(夫は自らすすんで子供たちを映画に連れて行った)

＊自主的に「人をどこかへ連れて行く」際の表現です。

□ ★★「(時間が) かかる、要する」

It took me all afternoon to find my keys.
(午後の間ずっと鍵を探していた)

＊「時間がかかる (要する)」は take を使います。

□ ★★「(乗り物などを) 使う、乗って行く」

When he travels, Joe always takes the bus home from the airport.
(ジョーは旅行の時はいつも空港からバスで帰宅する)

＊「乗り物を利用する」という意味で、ride より気軽に使えておすすめ。

□ ★★「(服・靴などを) 身につける」

Candice was happy to say that she now takes a size six in jeans.
(キャンディスは、今ではサイズ 6 のジーンズをはけると喜んでいた)

＊この場合「(具体的にあるサイズの服を) 身につける」いう意味。

□ ★★「思う、受け止める」

I wanted to be taken seriously as a reporter, so I dyed my hair brown.
(きちんとしたレポーターだと思われたいので、私は髪を茶色に染めた)

＊ seriously や well などの副詞と共に用いると「(言葉や言動を…のように) 受け止める、理解する」となります。

□ ★★「(科目・単位) を取る、履修する」

Greta takes English classes twice a week.
(グレタは週に 2 度英語の授業を受けている)

＊「授業を取る、レッスンを受ける」などの表現も take です。

Track **028**

028

show

日本語の「ショー」といえば名詞の意味しかありませんが、英語では「見せる」から「表す、展示する、証明する」など、さまざまな「広く外に向かって見せる行為」を指します。

□ ★★★「見せる、示す」

Part of my job is to show new employees around the company.
(新入社員に会社を案内することも私の仕事です)

＊「見せる」だけでなく、時に「案内する」「教える」といったニュアンスも。名詞で使う場合、**show of hands**（挙手）のように「表示、誇示」の意味合いも含まれます。

ネイティブがよく使うフレーズ

Can you show me how to do it?「やり方を教えてくれる？」
Show me your ticket.「チケットを見せてください」

□ ★★「見える、目立つ」

Jason always tries to smile so that his tooth gap doesn't show.
(ジェイソンはいつも歯の隙間が見えないように笑う)

＊客観的に「見える」の意味にもなることから、「…が見えてる、(ミスなどが) バレバレだよ」なんて注意する際にも使えます。

ネイティブがよく使うフレーズ

Your slip is showing. **「スリップが見えてるよ(ミスが丸見えだ)」**

□ ★★「明らかにする、証明する」

Claire's smile in her wedding photos shows how happy she was.

(結婚写真での笑顔は、クレアがいかに幸せだったかを物語る)

＊「周囲に見せる」→「明らかになる」と解釈しましょう。

□ ★★「上映・上演される」

Do you know what's showing at the movie this weekend?

(今週末、映画館で何が上映されるか知ってる?)

＊会話などで動詞の show を使うと、映画などの上映を表します。

□ ★★「笑いぐさ、見せ物」

Daigo isn't happy unless he is making a show of himself.

(ダイゴは自分で笑いを取れないと喜ばない)

＊ make a show of oneself で「もの笑いになる」、まさに日本語の「見せ物」のイメージで、テレビなどの「ショー」もこれです。

単語コラム・1

言い換え表現できますか？

単語は状況により堅い言葉、簡単な言葉と使い分ける必要があります。会議などでは堅い言葉が好まれますが、友達同士の会話では優しい言葉づかいが自然です。さあ、あなたは次の英単語を使い分けられますか？

日本語	堅い表現	優しい表現
□ 現す・示す	reveal	show
□ 受け取る	receive	get
□ 延期する	postpone	put off
□ 送る	transmit	send
□ 行う	perform	do
□ （出来事が）起こる	occur	happen
□ 概念	concept	idea
□ 獲得する	gain	get, take
□ 買う	purchase	buy
□ 試みる	attempt	try
□ 実行する	execute	do
□ 示す、証明する	demonstrate	show
□ 生ずる、起こす	generate	make, cause
□ 進む	proceed	go
□ 頼む	request	ask
□ 保つ	retain	keep
□ 作る	fabricate	make
□ 手伝い	assist	help
□ 出会う	encounter	meet
□ 配達する	supply	send

Chapter 2

日常的に使える単語25

待ち合わせをしている友人から、電話で I'm coming! と言われました。「私は来ています！」ってどういうこと？　この come は「来る」ではなくて、実は「行く」。そんな日常的に使える単語をご紹介しましょう。

Track 029

029

come

come は本来、話し手の方に「来る」、そして聞き手の方に「行く」と主語により日本語を使い分ける必要があります。日本人がよく誤解しているので、ここでしっかり復習しましょう！

□ ★★★「(話し手の方に) 来る、(聞き手の方に) 行く」

Can you come to my birthday party?
(私の誕生パーティに来られる?)

I'm sorry to say that I can't come to the party this weekend.
(今週末のパーティには行けなくてごめん)

＊最初の例文は「(話し手の方に) 来る」、次の例文は「(聞き手の方に)行く」ですが、いずれも **come** を使うのが英語の発想です。「今そちらへ行くよ」と聞き手の方へ行く時は **come** を使います。

ネイティブがよく使うフレーズ

I'm coming!「今行くよ！」

□ ★★「(…の位置に) くる、(…番) だ」

I know you're excited about the trip to Hawaii, but remember that business comes first.
(ハワイ旅行で盛り上がるのはわかるけど、仕事が最優先だと忘れるな)

＊ come first なら「…が一番」、come second なら「…が２番だ」と順位や位置を表します。

□ ★★「(…の状態に) なる、達する」

My dream to live in Spain came true when I was offered a scholarship to study there.
(奨学金をもらえることになり、スペインで暮らす夢がかなった)

＊ come ＋副詞で「(…の状態に) なる」なので、come true で「実現する」、come alive で「生き生きする」など、ある状態に達することを意味します。

□ ★★「手に入る、売られている、付いてくる」

Does this car model come in various colors?
(この車のモデルにはいろんな色があるんですか?)

＊副詞の in や with が付くことで「(品物が) 手に入る、売られている」、「(付属品が) 付いてくる」といった表現になります。

□ ★★「やって来る、現れる、巡って来る」

The time has come for me to stop drinking.
(ついに禁酒する時が来た)

＊時期や天候などが巡って来る際に用います。Spring has come. (春が来た) もこの用法で「巡ってきた」というニュアンスに。

ネイティブがよく使うフレーズ

wait for one's turn to come「順番が来るのを待つ」

Track 030

030

favor

ネイティブからすれば「超」がつくぐらいの基礎単語ですが、日本人にはあまりなじみのない気の毒な言葉です。お願いごとをする時にはマスト！　ぜひ使い方をマスターしましょう。

□ ★★★「親切な行為、手助け」

Could you do me a favor?
（お願いしてもいいですか？）

＊お願い事がある時は **favor** の出番です。**do me a favor** で「親切な行為を私にして」→「お願いします」というニュアンスに。同様に、**need a favor** なら「手助けが必要です」→「頼みがある」、**as a favor** で「親切な行為として」→「好意で」と解釈すると、なんとなく **favor** の意味と使い方がわかりますよね？　ほぼ決まり文句で使うので、フレーズごと覚えてしまいましょう。

ネイティブがよく使うフレーズ

I have a favor to ask you.「頼みがあります」
Do me a favor just this once.「今回だけお願いしてもいい？」

□ ★★「…に賛成する、…を支持する」

Are you in favor of having the party outdoors?
（外でパーティをやるのは賛成？）

＊ **Are you in favor of ...ing?**（…することに賛成？）で同意を求めるフレーズになります。

□ ★★「…に有利になる」

The discussion ended in my favor.
（議論は私に有利に終わった）

＊ **in one's favor** で「（人に）有利になる、（人を）助ける」となるため、**discussion** のような無生物を主語にして表現できます。

□ ★「（天候が）…にとって好都合だ」

The weather favored our travels.
（私たちの旅は天候に恵まれた）

＊ **favor** には「人に対して恩恵を与える」というニュアンスがあるため、天気を主語にすると「…に恵まれる」となります。

□ ★★★「…を好む、優遇する」

Jane favors working with women over men.
（ジェインは男性より女性と共に働くことを好む）

＊主に **over** と共に用いて「（…より）…を好む」となります。名詞の **favor** には「偏愛」という意味もあり、**show favor to ...** で「…にえこひいきする」です。

Track 031

031

back

動詞、名詞、形容詞、副詞とさまざまな品詞で使える単語です。「背中」や「後ろ」など主に背後を表すのはもちろんですが、そこから「戻る、返す、答える」といった動きにもつながります。

□ ★★★「後ろに、後方に」

The child crying made me look back.
（子供の泣き声が私を振り返らせた）

＊日本語と結びつけるのが難しい言葉かもしれません。**look back** で「振り返る」、**throw one's head back** で「頭をのけぞらせる」など、「後ろ向きには **back** を使う」が基本です！

□ ★★「…し返して、…を答えて」

Sorry, I'll call you back in an hour.
（ごめん、1時間後に電話します）

＊「相手の行為に返して」となり、**call back**（折り返し電話する）、**pay back**「返金する、仕返しする」などの表現があります。

□ ★★「（場所・状態が）戻って」

What time will you be back?（何時に戻る？）

＊主に be back で、元の場所や状態に「戻る」ことを表します。

ネイティブがよく使うフレーズ

Welcome back!「お帰りなさい」 ＊久しぶりに会う人に。
I'll be back in a minute.「すぐに戻る」

□ ★★「さかのぼって、以前」

Back in 1980, I was still a student.
(1980 年にさかのぼると、私はまだ学生だった)

＊時間的な過去を表します。back then で「当時は」、a few years back で「数年前に」。有名な映画のタイトル Back to the future（バック・トゥ・ザ・フューチャー）は、まさにこの用法です。

□ ★★「ずっと前に、…の時に」

Brian and I go way back.
(ブライアンと私はずっと昔からの友達だ)

＊そもそも back は「少し前」ではなく、記憶をさかのぼる程度の昔を指します。そのため way back だと「ずっと昔からの」、way back then なら「ずいぶん昔のその当時」となります。

□ ★★「背中、背面」

I had a sharp pain in my back from lifting a heavy box.
(重い箱を持ち上げて背中に激痛が走った)

＊ in one's back で「背中に」となり、back は背中を指します。

Track **032**

032

find

「たまたま物や人を見つける」または「貴重な物を探して発見する」の両方の意味で用います。いずれにせよ、発見に対する驚き・喜びのニュアンスが含まれる語です。

□ ★★★「偶然に見つける、出会う」

I found my wallet right where I left it.
（財布は置き忘れたまさにその場所で見つかった）

＊「偶然、物や人を見つける」または「貴重な物を探して発見する・手に入れる」が find の中心イメージになります。

□ ★★★「…だと思う、感じる、わかる」

I found it hard to understand what he was saying.
（彼が言っていることを理解するのは難しかった）

He found the man dead.
（彼はその男が死んでいるのを見つけた）

＊ find it hard to ... で「…は難しいとわかる」、find A B で「A が B だとわかる」など、いずれも構文でよく使われる言い回しです。実際に経験してわかったこと・思ったことを表現します。

□ ★★「(人・物・事の情報を）知る、入手する」

I found out that I have Chinese ancestry.
（私は中国に祖先がいることがわかった）

＊情報を知る、事実として認識する際の表現です。

□ ★★★「発見する、見つかる」

It took five years, but the police finally found the killer.
（5年もかかったが、とうとう警察は殺人犯を発見した）

A lot of good deals can be found in Akihabara.
（秋葉原にはお買い得品がある）

＊探し物やお買い得品だけでなく、見つけるのが難しい物の発見や、貴重な動物の発見にも用います。

ネイティブがよく使うフレーズ

I can't find it!「見つからない！」

□ ★★「発見、掘出し物」

This used iPhone was a nice find.
（この中古のアイフォーンはよい掘り出し物だ）

＊名詞の単数形で「貴重な物や人の発見」や「偶然見つけた掘出し物」になります。

Track 033

call

callといえば「呼ぶ、電話をする」を思い浮かべるでしょうが、ネイティブはさらに派生した表現も使います。ここでは知っていたら「ちょっと鼻高になれる」使い方を紹介します。

□ ★★★「…ということにする」

You paid for lunch yesterday, so I'll pay for today and we can call it even.
（昨日ランチをおごってもらったから、今日私がおごればチャラになるね）

＊ **call it ...** で「…ということにしておく」、そこから **call it even** で「貸し借りなしにする」、**call it a draw** で「引き分けということにしよう」となり、日常会話でよく使う用法になります。

ネイティブがよく使うフレーズ
Let's call it a day!「今日はここまでにしよう！」 ＊仕事終わりに。

□ ★★★「…と考える、みなす」

Are you calling me a liar?
（私を嘘つきだというの？）

＊実際に声に出して呼ぶのではなく、「…と考えているのか」という意味になります。「自称…」の **call oneself ...** もこの用法。

□ ★★★「呼び出す、(車などを) 呼ぶ」

Could you call me a taxi?
(タクシーを呼んでもらえますか?)

＊人や車を呼び寄せる時も call が使えます。call the police で「警察を呼ぶ」、call an ambulance で「救急車を呼ぶ」です。

□ ★★「引き付ける、思い起こさせる」

These pictures call to mind 18th century Japan.
(これらの写真は 18 世紀の日本を思い起こさせる)

＊心に何かが呼びかける際の表現で、call to mind で「思い起こす」、call attention to で「(注意を) ひきつける」となります。

□ ★★「要求、要請、要求する、呼びかける」

Call for a ban on smoking in public.
(公共の場での喫煙の禁止を呼びかけよう)

＊ call for ... または call on ... でよく用い、call for a boycott なら「ボイコットを呼びかける」です。

□ ★★「(飛行機の) 搭乗案内」

This is the last call for Flight 88 to Hawaii.
(ハワイ行き 88 便の最終案内です)

＊「呼ぶ」のイメージから飛行機の「搭乗案内」にもなります。

Track **034**

034

fit

ただ「合う」ではなく、「ぴったり合う」が fit です。そこから状況や状態が適しているか、予定が合うか、考え方が合うかなど、さまざまな相性を表現するのに「ぴったりな」単語です。

□ ★★★ **「一致する、適合する」**

This building isn't really fit for Wi-Fi access.
(この建物は Wi-Fi にはあまり適していない)

＊洋服などが「ぴったり合う、ふさわしい」だけでなく、物や考え、システムなどが「一致する、適合する」という意味にもなります。

ネイティブがよく使うフレーズ
fit one's requirements「…の希望通りになる」

□ ★★ **「なんとか割り込ませる、都合をつける」**

We can fit you in for a haircut at 6:00.
(6 時ならヘアカットの予約をお取りできます)

＊予定などを適合させるイメージから「割り込ませる、都合をつける」となり、**fit in** で「(行事などを) スケジュールに入れる」。ネイティブ風のくだけた表現なので、言えるとちょっと鼻高です。

□ ★★「なじむ、合う」

His music doesn't fit into any category.
（彼の音楽はどんなジャンルにも属さない）

＊物理的な適合ではなく、考えや人が「合う、なじむ」という表現に使い、**fit into one's lifestyle** で「ライフスタイルに合う」です。

□ ★★「うってつけの、ぴったりの」

Who is the fittest member of the band?
（そのバンドに最適なメンバーは誰？）

＊物が状況や目的に適するかどうかを表現する際に用います。人に対して使えば「（状況や目的に）適任の」となります。

□ ★★「合うこと、相性がぴったりなこと」

George and Trish are a good fit.
（ジョージとトリッシュはお似合いだ）

＊**a ... fit** で「…な合い具合」となり、**a good fit** で「相性ぴったり」、**a perfect fit** なら「完璧にぴったり」となります。

□ ★★★「（感情の）高ぶり、気まぐれ」

I threw a fit when he dropped my smartphone.
（彼が私のスマートフォンを落としたので頭に来た）

＊名詞の **fit** はカッとなるような、瞬間的な感情の波も表します。

Track 035

035

charge

スイカなどの支払い用カードへの入金を「チャージする」と言いますが、英語の charge は「カードで支払う」で、カードの充填（じゅうてん）は recharge です。charge の正しい用法を覚えましょう。

□ ★★「料金を請求する」

If you get a premium membership, all shipping from our online shop will be free of charge.

（プレミアム会員になると当ショップの送料はすべて無料となります）

＊最も一般的な意味が「…を請求する」つまり「（金額が）かかる」で、**charge $ ... an hour** で「1時間あたり…ドルかかる」、**charge a guarantee fee** なら「保証料を請求する」です。

ネイティブがよく使うフレーズ

We charge for admission.「入場料をいただきます」

□ ★★「カードで支払う」

I didn't have any cash on hand, so I charged the souvenirs to my credit card.

（手持ちがなかったので、カードでお土産を買った）

＊ **charge** には「（代金を）…につけておく」という意味があり、そこから「カードのツケで買う」→「カード払いする」となります。

ネイティブがよく使うフレーズ

Cash or charge?「(支払いは) 現金ですか、カードですか？」

□ ★★★「(電池機器を) 充電する」

I need to charge my phone battery.
(携帯を充電しなきゃ)

＊「満たす」というニュアンスから「(電池機器などを) 充電する」、「(感情などが) みなぎる」という表現にもなります。

□ ★★「告発する、非難する」

The man was charged with shoplifting.
(その男は万引きで告発された)

＊主に charge A with B で「B で A を告発する」となり、名詞にも「告訴、告発、非難、容疑」などの意味があります。

□ ★★「責任、義務、管理」

I'd like to speak with the person in charge of this restaurant.
(このレストランの責任者と話がしたい)

＊ charge には「義務」や「責任」などの意味もあり、in charge of で「…を担当して」、the person in charge で「担当者」です。

ネイティブがよく使うフレーズ

Who's in charge?「担当者は誰？」

Track 036

036

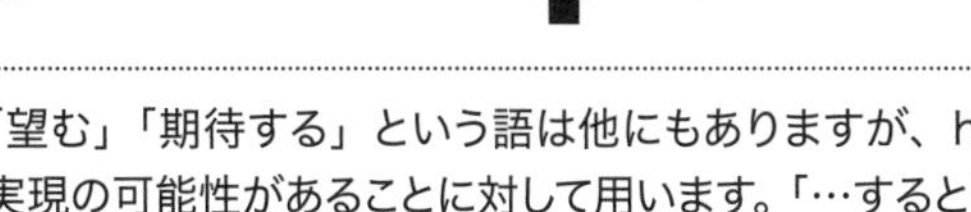

hope

「望む」「期待する」という語は他にもありますが、hope は実現の可能性があることに対して用います。「…するといいな」ぐらいの控えめな表現になるので好感が持たれます。

□ ★★★「望む、期待する」

I hope to see you again soon.

（また会えたらいいな）

＊実現する可能性が高い望みを述べる際に使うのが hope です。これから先のこと、また状況がわからないことについて願う際に用い、「…したらいいな」という軽いニュアンスになります。

ネイティブがよく使うフレーズ

I hope so.「そうだといいね」

I hope you've been doing well.「お変わりないことと存じます」

□ ★★「見込み、期待」

Everyone got their hopes up after the first quarter, but in the end they didn't meet their sales goal.

（誰もが第一四半期に期待していたが、最終的に売上げ目標を達成できなかった）

＊有望な見込みを表す言葉です。**get one's hopes up** で「期待を寄せる」、**There's little hope of ...** で「…の見込みはない」となります。

ネイティブがよく使うフレーズ

Don't get your hopes up.「高望みするな」

□ ★★★「希望を抱く」

We're hoping that a lot of people will come to the party this weekend.

(今週末には多くの人がパーティに来てくれるといいな)

＊現在進行形の未来を表す用法でよく使われ、「…するといいな」と直近の未来への願望を述べる際の表現になります。**Are you hoping for ...?** で「…を望んでいるの？」となります。

ネイティブがよく使うフレーズ

Are you hoping for rain?「雨がいいの？」

We're still hoping.「まだ希望を捨てていない」

□ ★★「期待の星、希望の的」

The new manager is now the hope of the company.

(新しいマネージャーは今や会社の期待の星です)

＊日本語で「きみは我が社のホープだ」などと言う時の**hope**です。

ネイティブがよく使うフレーズ

You're my last hope.「あなただけが頼みの綱だ」

Track **037**

037

get

本来は「努力して何かを手に入れる」表現ですが、他に働きかけて「何かしらの動作や状態を引き出す」というニュアンスもあります。無数にある用法から重要なものを紹介しましょう。

□ ★★★「買う」

You can get matcha flavored candy in Japan.
(日本で抹茶味のキャンディが買えるよ)

＊実は **buy** よりもカジュアルな「買う」が **get** です。「手に入るよ」ぐらいのニュアンスで、日常会話ならこちらを使う方が多いかも。

□ ★★「手に入れる」

Could I get your number?
(電話番号を教えてもらえますか?)

＊情報などを入手する際も **get** を使います。人の住所やメールアドレスなどをたずねる時は、**Can I get your ...?** で **OK** です。

□ ★★「わかる」

I get what you mean. (言いたいことは分かります)

＊ **understand** より気軽なニュアンスになります。

ネイティブがよく使うフレーズ

You got it?「わかった？」／Got it.「わかったよ」

□ ★★「(結果・印象を) 得る」

You'll get better graphics on this computer.
(このコンピューターのほうが画像はきれいです)

＊計算や実験など、ある特定の行動から結果を「得る」表現です。

ネイティブがよく使うフレーズ

Divide 10 by 5 and you get 2.「10÷5 = 2」

□ ★★「(変化して) …になる」

It's getting hotter and hotter.
(ますます暑くなってきている)

＊変化してある特定の状態になる際の用法で、**get better**（具合が良くなる）や **get ready**（準備する）などの表現もあります。

□ ★★「(ぐずぐずせず) …し始める、さっさと…し始める」

Let's get working or we'll be late.
(遅れないよう、さっさと仕事を始めよう)

＊ **get working**（さっさと仕事を始める）で、仕事を促す掛け声に。

ネイティブがよく使うフレーズ

Let's get going.「さぁやろう、さぁ行こう」

Track **038**

038

give

幅広い「与える」という行為に用いる語です。物を「渡す・与える」はご存知でしょうから、ここではそれ以外の「形なき物を渡す」イメージを覚えましょう。

□ ★★★ **「(情報・知識・助言などを) 伝える」**

Could you give me more details about the app?
(そのアプリについてもっと詳しく教えてもらえますか?)

＊ give は「(物などを) 与える」だけでなく、情報や知識といった形のない物を人に「伝える」際の表現にもなります。

ネイティブがよく使うフレーズ

Would you give me some advice?「ご助言いただけますか？」
Can you give me your address?「住所を教えてもらえますか？」

□ ★★★ **「(結果・作用を) もたらす、生み出す」**

This coffee gave me a boost!
(このコーヒーで元気になった!)

＊ Any number multiplied by zero gives you zero.（どんな数も0を掛けると0になる）など、「(変化の結果や作用を) 与える」→「…になる」と考えるといいでしょう。

□ ★★★「(権限・責任などを) 授ける、与える」

I'll give you all of my support.
(全力でサポートします)

＊ give top priority（最優先させる）や give authority（権限を与える）など、大事な物を人に託す表現になります。

ネイティブがよく使うフレーズ

I give you my word.「約束します」

□ ★★★「(パーティなどを) 催す、開く」

I'm going to give a performance at a retirement home.
(老人ホームで演奏することになっている)

＊ give a lecture（講義をする）、give a concert（コンサートをする）など、「催し物を差し上げる」→「開催する」です。

□ ★★「(許可・機会などを) 認める、譲る」

Let's give him the benefit of the doubt.
(彼のことは大目に見よう)

＊ give opportunity（機会を提供する）、give permission（許可する）など、人に許可や譲歩を与える際の表現です。

ネイティブがよく使うフレーズ

Give me one more chance.「もう一度チャンスをください」
Don't give me that.「そんなの信じられない」

Track 039

down

「下方」を意味する語のため「気落ちして、減少して」など、比較的ネガティブに用いられます。そこからさらに「食べる、飲み込む」はともかく、「頭金」なんて意味もあります！

□ ★★★「気落ちして、衰えて、故障して」

Why do you look so down?
(どうしてそんなに落ち込んでいるの？)

＊「元気がない、衰えている、(機械が) 故障して」など、あらゆる物の不調 (ダウンした状態) を表します。

ネイティブがよく使うフレーズ
The Internet is down.「インターネットが落ちてる(接続してない)」

□ ★★★「下落して、減少して」

Our sales have gone down by 10% since last month.
(売上が先月から10%下がった)

＊向きが「下がる」だけでなく、数量や程度、質などが「下落・減少する」表現にもなります。

ネイティブがよく使うフレーズ
My fever has gone down.「熱が下がった」

□ ★★★「頭金、頭金として」

I had to pay 20% down when I bought my house.
(家を買うときに20%の頭金を払わねばならなかった)

＊本来 down payment で「(分割払いの)頭金、手付金」で、pay ... down(頭金として…支払う)などと使います。

ネイティブがよく使うフレーズ
No money down.「頭金不要」

□ ★★「書き留めて、書面に(して)」

Let me jot down my address for you.
(私の住所を書きましょう)

＊ write や jot、be 動詞などと共に用いると「書いてある」「書き留めて」など、文字が書面に残された状態を表します。

ネイティブがよく使うフレーズ
Could you write down the address, please?
「住所を書いていただけますか？」

□ ★★「飲む、飲み込む、食べる」

Mark can down a bottle of wine in a few minutes.
(マークは数分でワインのボトルを飲み干せる)

＊ down a bottle で「ワインを飲み干す」など、口語では down ＋飲食物で「…を飲む、食べる」という表現になります。

Track 040

040

great

great は全部が全部「すごい、最高」ではありません！ 量の多さや程度の大きさ、人や物事の重要さなども表します。ぜひ豊かなバリエーションを身につけてください。

□ ★★★「上手な、得意な、詳しい」

Josie would make a good teacher because she's so great with children.
（子供の扱いがうまいので、ジョシーなら立派な先生になれる）

＊趣味や仕事が「上手な、得意な」となり、**be great at ...** で「…が非常に得意だ」となり、**be good at ...** より優れたイメージです。

ネイティブがよく使うフレーズ
He's great at his job.「彼は仕事が非常にできる」

□ ★★★「巨人、重要な人、大家」

The Beatles are considered to be one of the greats of modern music.
（ビートルズは現代音楽の巨匠と見なされている）

＊通常 **the greats** と複数形で「重要な人、巨匠、有名人」といった意味になります。そこから「名作、名盤」という意味にもなり、**the golden pops greats** で「珠玉のポップス名盤」なんて意味にも。

□ ★★★「素敵な、素晴らしい、最高の」

Mike is a great guy. I think you should go on a date with him.
（マイクはステキな人だから、デートしたほうがいいよ）

＊ great guy は「偉大な」より「ステキな」の方がしっくりきますよね？さまざまな意味があるので、前後関係から最適な訳を見つけましょう。

ネイティブがよく使うフレーズ

Sounds great.「いいね」／That's great!「すごい！」
It's great to see you.「会えてよかった」

□ ★★「多大な、非常な」

The new discovery was of great interest to scientists.
（その新発見に科学者たちは多大な関心を持った）

＊数量・程度的に多大で、賞賛や感嘆のニュアンスも含まれます。

ネイティブがよく使うフレーズ

I owe you a great deal.「大変お世話になりました」

□ ★★「元気な、調子の良い」

I don't feel so great today. （今日は気分がいまいちだ）

＊体調や気分などが「すこぶる良い、バッチリ」というイメージ。

ネイティブがよく使うフレーズ

I'm feeling great.「気分は最高だ」

Track **041**

041

taste

taste を「味」の意味でしか使わないのは、もったいない話。センスや趣味、嗜好、経験と人生におけるさまざまな楽しみを taste を駆使して表現してみましょう。

□ ★★★「センス、趣味」

Craig has great tastes in fashion.
(クレイグは服のセンスがすばらしい)

＊味だけでなく、服やファッションなどの「センス、趣味、審美眼」も表し、**have (no) taste** で「趣味がいい（悪い）」となります。

ネイティブがよく使うフレーズ
She has great tastes.「彼女はすごく趣味がいい」

□ ★★「好み、嗜好」

I have no taste for running.
(ランニングにはまったく興味がない)

＊ **have a taste for ...** で「…を好む」となり、**I have a taste for Japanese food.** なら「和食が好き」と個人の嗜好を表します。

ネイティブがよく使うフレーズ
There is no accounting for taste.
「蓼(たで)食う虫も好き好き（人の好みはそれぞれ）」

□ ★「(ちょっとした）経験」

Jenny finally got a taste of performing live.
（ジェニーはついにライブ演奏を経験した）

＊ **a taste of ...** で「…の（ちょっとした）経験」。**get a taste of country life** なら「田舎の生活を味わう」、**get a taste of success** なら「成功に味をしめる」です。

□ ★★「一口、一飲み」

Have a taste of this wine.
（このワインをちょっと飲んでみて）

＊ **a taste** で、味見のための「一口、一飲み」です。

ネイティブがよく使うフレーズ
Have a taste.「ちょっと食べてみて」

□ ★★「味がする、味見をする」

This meatloaf tastes just like my mom's.
（このミートローフは母のと同じ味がする）

＊飲食物が「…な味がする」と表現する際は動詞を使い、**taste sour**（酸っぱい）、**taste hot**（辛い）などと味覚を表します。

ネイティブがよく使うフレーズ
How does it taste?「どんな味？」
It tastes good!「おいしい！」

Track **042**

hear

「聞く」を表す動詞はいろいろありますが、hear は「(自然に)耳に入る」こと。そこから情報を「耳にする、噂に聞く、連絡をもらう」などと意味が展開していきます。

□ ★★★「噂に聞く、存在を知る」

I've never heard of that band.
(そのバンドは聞いたことがない)

＊完了形で表現すると「音楽を聴いたことがない」ではなく、「その存在（名前）を聞いたことがない」という意味になります。

ネイティブがよく使うフレーズ

I've never heard of such a thing.「そんなの聞いたことがない」

□ ★★「(噂などを）耳にする、聞いて知る」

I heard from Matt that he and Kyoka will be getting married next year.
(マットが言うには来年キョウカと結婚するそうだ)

＊人から情報などを聞きつけた時の表現です。**hear from ... that ...** で **that** 以下が情報の内容になります。

ネイティブがよく使うフレーズ

I'm glad to hear that.「それを聞いてうれしい」

So I've heard.「そう聞いている」

□ ★★★「連絡をもらう」

I haven't heard from my sister in a long time.
(長いこと妹から連絡がない)

＊主に **hear from** で「…から連絡をもらう」となり、**hear** は「聞く」だけでなく、手紙や電話での連絡も表します。

ネイティブがよく使うフレーズ
I look forward to hearing from you.
「ご連絡をお待ちしています」＊メールや手紙の最後に。

□ ★★「…について聞く」

I was sorry to hear about your mother.
(お母様のことは大変お気の毒でした)

＊お悔やみの際の決まり文句で、**hear about** で「…について詳しく聞く」→「(亡くなったこと) について聞く」というイメージ。

□ ★★「(証言を) 聞く、審理する」

The board will hear Sam's statement tomorrow.
(委員会は明日サムの申し立てを審理する)

＊ **hear the case** で「事件を審理する」など、文脈によっては、証言や事件を「聞く、審理する」という意味になります。

Track **043**

043

live

「生きる、住む」と人間の生活に関係する語ですが、意外と知られていないのが発音の使い分け。動詞の場合「リヴ」ですが、形容詞や副詞は「ライヴ」となります。

□ ★★★ **「住んでいる、住む」**

Michelle lived with her parents until she got married.

（ミシェルは結婚するまで親元にいた）

＊人や動植物がある場所で「居住する、育つ、生育する」の意味で用います。ちなみに **live** の名詞形は **life**（命、人生）で、日本語の「生演奏」にあたる「ライブ」は日本人が作ったカタカナ語のため、英語には存在しません。「ライブハウス」と言うと「生きた家？」なんてギョッとされますよ！

ネイティブがよく使うフレーズ

Where do you live?「お住まいはどちら？」

□ ★★ **「暮らす、生きていく」**

Ken had saved a lot and was able to live happily after retirement.

（ケンにはたくさんの貯金があり、引退後は幸せに暮らせた）

＊命あるものが生きて生活していくことを意味し、人だけでなく

動植物に対しても live を使います。

ネイティブがよく使うフレーズ

Live and learn.「長生きはするものだ」 ＊何か新発見をした時に。

□ ★★「…な暮らし、生活をする」

Nick enjoyed living the life of an artist.
(ニックは芸術家の暮らしを楽しんだ)

＊ live a ... life で「…な暮らしをする」となり、live a happy life なら「幸せな生活を送る」です。

□ ★★「(記憶の中で) 生き続ける」

My grandmother passed away 10 years ago, but her memory lives on in my heart.
(祖母は 10 年前に亡くなったが、思い出は心の中で生き続けている)

＊ live on in one's heart で「(人) の心で生き続ける」となり、人や物が記憶の中で「生き続ける」ことを意味します。

□ ★★★「生きる、生存する」

With today's medicine and technology, people are living much longer than in the past.
(今日の医療技術のおかげで寿命は昔よりかなり伸びている)

＊「生存する、生き延びる」という意味です。本来 live は状態動詞のため ing 形にしませんが、強調表現の場合はあえて ing 形にすることがあります。

Track **044**

044

box

箱は箱でも、文化の違いが色濃く出るのが面白いところ。ちなみに karaoke box はすでに英語になっており、最近は本場日本のカラオケボックス目当てに来日する外国人も多いとか。

□ ★★★「箱」

I put my winter clothes in a box and store them in a closet.
(冬物衣料を箱に入れ、それをクローゼットに置いた)

＊ **box** は主にフタ付きの箱を指します。ついでに **cardboard box**（段ボール箱）や **tool box**「道具箱」などの表現も覚えましょう。また **a box of ...** で「…一箱」になります。

ネイティブがよく使うフレーズ
a box of chocolate「チョコレート一箱」

□ ★★★「記入欄、回答欄」

Check this box if you plan on going to the party.
(パーティに参加するならこの四角い回答欄をチェックして)

＊日本語で「チェックボックス」と呼ぶ四角い回答欄のこと。招待状の出欠席は、日本だと記号を丸で囲みますが、アメリカでは四角い回答欄をチェックするため、そこからの表現です。

ネイティブがよく使うフレーズ

Check this box if you wish to apply.
「申し込む場合は回答欄をチェックしてください」

□ ★★「閉じ込める、押し込める」

Let's box up all these books and put them in the storehouse.
（この本を全部、箱に詰めて倉庫に入れよう）

＊ box は「（物を）箱に詰める、（狭い所へ）押し込める」という動詞にもなり、box up で「箱詰めにする」です。

□ ★「苦境、窮地」

You and I are in the same box, so don't complain.
（きみと私は同じ境遇にいるんだから、文句を言うな）

＊ be in the same box で「同じ箱の中にいる」→「同じ苦境にある」となります。

□ ★「棺（ひつぎ）」

Most people will leave this world in a box.
（ほとんどの人は棺の中でこの世に別れを告げる）

＊棺が箱の形をしていることから、口語で棺を box と呼ぶことも。ちょっとした話のネタに使えるかもしれません。

Track **045**

045

sick

本来は体調の悪さを表す語ですが、病気だけでなく「(具合が悪くなるほど何かが) 恋しい、しゃくにさわる、ゾッとする」など、幅広い「平常時とは異なる状態」を表します。

□ ★★「いや気がさして、うんざりして」

I'm sick of always being the only one who cleans up.
(いつも一人で掃除するのはうんざりだ)

＊精神的に病むほど「イライラする、うんざりする」というニュアンスがあり、**be sick of ...** で「…にうんざりする」となります。

ネイティブがよく使うフレーズ
This makes me sick!「イライラする！」
I'm sick of this!「もううんざり！」

□ ★★「あこがれて、恋しくて」

After traveling a long time, we were sick for home.
(長旅をして家が恋しかった)

＊病気になるほど何かが恋しい時の表現です。**sick for ...** で「…が恋しい」となります。

□ ★★「しゃくにさわって、失望して」

Just the thought of Jessica winning the contest makes me sick.
（コンテストでジェシカが勝ったと思うと、しゃくにさわる）

＊「具合が悪くなるほどがっかりする」と考えましょう。be worried sick about ... なら「…についてとても心配している」。

□ ★「不健全な、気味の悪い、ゾッとする」

Ben has a bad habit of making sick jokes.
（下品な冗談を言うのはベンの悪い癖だ）

＊精神的な不健康さも表します。sick thought で「不健全な思想」、sick joke なら「下品な冗談」です。

□ ★★★「病気になって」

John had to miss the party because he was sick with the flu.
（ジョンはインフルエンザにかかってパーティに出られなかった）

＊ be sick with ...（…の病気になって）をぜひ使いこなしましょう。I was sick with pneumonia. なら「私は肺炎にかかった」。

ネイティブがよく使うフレーズ

Are you sick?「体調が悪いの？」
I'm kind of sick today.「今日はちょっと気分が悪い」
He's sick in bed.「彼は病気で寝ている」

Track **046**

046

picture

意外に使えるのが picture です。絵や写真だけでなく「映像、描写、想像する」など日常生活からビジネスまで幅広くフォロー。Get the picture? なんてサラッと言えたら完璧です。

☐ ★★★ **「生き生きと描写する」**

He was pictured as a clerk in the commercial.
(彼はコマーシャルで生き生きと店員を演じた)

The statistics painted a grim picture of growing crime.
(統計データは犯罪が増加している実態を生々しく表した)

＊絵や写真のように「リアルに描写する」ニュアンスから、**paint a picture of ...** で「…の実態を生き生きと表す」です。

☐ ★★★ **「状況、事実、事態」**

I have a clear picture of how things are now.
(現状をはっきり理解しています)

＊「(絵や写真のようにリアルな) 実際の状況」というニュアンスで、**have/get the picture** で「事情がわかる」となります。

ネイティブがよく使うフレーズ

Get the picture?「わかった？」

□ ★★★「映像、画面、画像」

This monitor has great picture quality.
（このモニターは高画質だ）

＊最近 IT 関連でよく使われるのがこの用法。3D picture で「立体画、3 次元画像」、high-quality picture で「高品質画像」となります。IT 関連で picture といえば、まずこの意味！

□ ★★「典型、見本、そのもの」

Her work is the picture of perfection.
（彼女の仕事は完璧そのものだ）

＊「（絵や写真のように）見事な」という意味で、perfect picture of ... で「全く欠点のない」となります。

□ ★★★「ありありと思い浮かべる、想像する」

I can't picture myself being CEO.
（自分が社長になるなんて想像もできない）

＊「（写真のように）リアルに想像する」というニュアンスがあり、否定形なら「…なんて想像できない」となります。「想像する」だと imagine を一番に思い浮かべるでしょうが、picture だと「まざまざと思い浮かべる」というリアルなニュアンスが出るので、カジュアルな会話にぴったりです。

ネイティブがよく使うフレーズ

Picture that!「考えてみて！、想像してみて！」

Track **047**

047

please

普段、何気なく使っているpleaseですが、改めてずいぶんたくさんの用法があることに驚きます。ただしpleaseをあまり何度も使うと嫌味なニュアンスになるので要注意です！

□ ★★★「すみませんが、どうか」

Could you please help me with directions?
（すみませんが、道を教えていただけますか？）

＊ **Could/Would you please ...?**（すみませんが、…してもらえますか？）と人に何かを依頼する際の表現です。**please**なしでも使えますが、**please**を入れればさらに丁寧になります。

ネイティブがよく使うフレーズ
Would you mind opening the window, please?
「すみませんが窓を開けてくださいますか」

□ ★★★「どうぞ」

Please go ahead.（どうぞ、お先に）

＊命令文に添え、人に何かをすすめる声かけに。１単語をプラスするだけで親切な人になれます。

ネイティブがよく使うフレーズ
Please come in.「どうぞお入りください」

□ ★★「自分の好きなようにする」

You need to please yourself once in a while.
（たまには楽しまないと）

＊ please oneself で「好きなようにする、勝手にする」。ポジティブにもネガティブにも使える便利表現です。

ネイティブがよく使うフレーズ

Please!「何なりと！」
Do whatever pleases you.「勝手にしたら」

□ ★★「お願いですから、頼むから」

No excuses, please.（頼むから言い訳はやめて）

＊「頼むから…して」と相手に何か懇願する際の一言。

□ ★★「好む、気に入る、…したいと思う」

Eat as much as you please.（好きなだけ食べたら）

＊動詞の please は「気に入る、好む」という気持ちを表し、as much as you please で「好きなだけ」です。

□ ★★★「喜ばせる、楽しませる、満足させる」

Sam wasn't pleased with his exam results.
（サムは試験の出来に満足しなかった）

＊喜びや満足を表し、be pleased with ... で「…に満足する」。

Track **048**

048

chance

chance には「好機」という意味もあるように、主にポジティブな意味合いで用います。「チャンス、勝ち目、見込み」など、偶然的な要素が強いのが特徴です。

□ ★★★ **「可能性、見込み、勝ち目」**

There's no chance that my team will win.
(うちのチームが勝つ見込みはない)

＊ There's a chance of ... で「…の見込みがある」と可能性があることを表します。have no chance なら「見込みがない」です。

ネイティブがよく使うフレーズ

There's no chance of that happening.
「そんなことが起こるはずがない」

□ ★★★ **「機会、チャンス」**

The study abroad program will be a good chance to learn a new language.
(留学プログラムは新しい言葉を学ぶ良い機会だ)

＊日本語の「チャンス」はこの意味で使われたもの。「好機」のニュアンスがあるように、ポジティブに使われることが多い語です。

ネイティブがよく使うフレーズ

You'll get another chance.「また機会はありますよ」
Leave it to chance.「運に任せなさい」

□ ★★「お願いしたいんだけど」

Any chance of helping me with this project today?
(今日このプロジェクトを手伝ってもらえない?)

＊主に Any chance of ...ing? の形で使われ「…の可能性はある？」→「…をお願いしたいんだけど」となります。

ネイティブがよく使うフレーズ

Any chance of a beer?「ビールをお願いします」

□ ★★「思い切って」

We'll take a chance and have the barbecue party tomorrow even though it's supposed to rain.
(天気予報は雨かもしれないけど、思いきって明日バーベキューパーティをやろう)

＊ take a chance で「チャンスに賭けてみる」→「思い切ってやってみる」という勢いのいい表現になります。

ネイティブがよく使うフレーズ

I'll take a chance on that.「それに賭けてみるよ」

Track **049**

049

key

「重要な、手がかり」といった意味は、日本語の「鍵」と同じ感覚で使えるので覚えやすいでしょう。ただし日本語では「錠前」も鍵ですが、英語の key にその意味はありません。

□ ★★★ **「重要な、主要な」**

Could you explain the key concepts?
（主要な概念を説明していただけますか?）

＊「鍵は大切な物」という考え方は世界共通のようです。英語でも「**key** ＝重要な」となり、**key phrase**（主要語句）、**key item**（主要品目）などの表現は日本語と同じ。類語の **main** より「大事な」の意味が強くなります。

□ ★★★ **「解決の鍵・手がかり、秘訣」**

The key to solving this riddle is to think outside the box.
（この謎を解く鍵は、既存の枠にとらわれない考え方をすることだ）

＊「ドアを開ける鍵」→「解決の鍵」と考えます。**key to a problem**（問題解決の鍵）、**key to achievement**（成功への鍵）などと用います。

□ ★★「要所、関門」

The Golden Gate Bridge is a key location in San Francisco.
(ゴールデンゲートブリッジは、サンフランシスコの要所です)

＊「重要な場所」を意味し、最近は key Asian hub（重要なアジアの拠点）や key Asian market（重要なアジア市場）などという表現をよく耳にします。

□ ★「調子、基調、様式」

It sounds like this song is played half in a major and half in a minor key.
(この曲は半分がメジャーで、半分がマイナー・キーで演奏されるようだ)

＊音階の長短のキーを言い、major key（長調）、minor key（短調）、key of C major（ハ長調）などと使います。

□ ★★「鍵、キー」

I left my house key on my desk at work.
(家の鍵を職場の机の上に置き忘れた)

＊日本語の場合「鍵」に「錠前」も含みますが、英語の key に「錠前」は含まれません。ちなみに「カードキー」はそのまま card key です。

ネイティブがよく使うフレーズ

How did you lose your key?「どうやって鍵を失くしたの？」
I need to get an extra key made.「合鍵が必要だ」

Track 050

050

push

push は何らかの目的のもと、自分とは逆の方向（他者の方）へと押し出す行為のこと。そのため強気でちょっと強引なニュアンスもあるのがポイントです。

☐ ★★★「積極的に売り込む、促進する」

We want to push pumpkin-flavored products.
（カボチャ風味の商品を売り込みたい）

＊アイデアや商品を積極的に売り込む際に使い、**push a new product**（新製品を売り込む）や **push the plan**（計画を推し進める）などの表現があります。

ネイティブがよく使うフレーズ

I'm not even pushing that point.
「そんなことを言うつもりはさらさらない」

☐ ★★★「（数値などをを）押し上げる」

An increase in manufacturers has helped to push electric vehicle prices down.
（メーカーの増加が電気自動車の値下がりにつながった）

＊ **up** と共に用い、物価や失業率などを「押し上げる」際に使います。逆に **push ... down** とすれば「押し下げる」になります。

□ ★★「ひと押し、ひとふんばり、奮発」

Bob needs a little push to start working.
(ボブが就職するにはもうひと頑張り必要だ)

＊「もうひとふんばり」と言う時の「ふんばり」こそ、push ならではの表現です。make a push（奮発する、頑張る）のように奮起を促す言葉として使われます。

ネイティブがよく使うフレーズ
You pushed too hard.「やりすぎだよ」

□ ★★「(年齢が…に) 近づく」

My father is pushing 80.
(父はもうすぐ 80 歳に手が届く)

＊進行形で数字と共に用いると、「(年齢が) …に近づく」なんて意味に。否が応でも歳をとることからきた表現のようです。

□ ★★「無理強いする、強要する」

The government is pushing for a reduction in overtime hours.
(政府は残業を減らすよう要求している)

＊ push for ... で「…をしきりに要求する、強要する」と、人に対してかなり強引に何かを要求する表現になります。

ネイティブがよく使うフレーズ
Don't push it.「無理を言うな」「調子に乗るな」

Track 051

051

sorry

謝る時、すぐ思い浮かぶ言葉はこれでしょう。「すまないと思って、後悔して」など、心苦しく思う際に用いるだけでなく、「気の毒に、かわいそうで」など、他人への憐れみも表現できます。

□ ★★★「気の毒で、かわいそうで、同情して」

I'm sorry to hear about your grandfather.
(おじい様のことはお気の毒に)

＊お悔やみの定番表現です。**be sorry ...** で「…を気の毒に思う」と、他者を憐れんだり同情したりする際の表現になります。

ネイティブがよく使うフレーズ

I'm sorry to hear that.「お気の毒に」
I really felt sorry for her.「彼女は本当に気の毒だ」

□ ★★★「すまなく思って、後悔して」

You don't have to be sorry for making a mistake.
(間違えても気にする必要はありません)

＊謝罪する時の **sorry** で、**I'm sorry** なら「申し訳ありません」、**You don't have to be sorry for ...** なら「…をすまなく思う必要はない」→「気にする必要はありません」となります。

ネイティブがよく使うフレーズ

I'm sorry about that.「申し訳ありません」
You'll be sorry if you do it.「それをしたらあなたは後悔します」

□ ★★「すみませんが、申し訳ありませんが」

I'm sorry, but could you please repeat that?
(すみませんが、繰り返していただけますか?)

＊ **I'm sorry, but ...**（すみませんが…）は、手間を取らせることを詫びながら、人にお願いごとをする際の決まり文句。**but**の後に、本来伝えたいことを続けます。

ネイティブがよく使うフレーズ

I'm sorry to bother you.「ご迷惑をおかけしてすみません」
I'm sorry, I can't hear you.
「すみませんが、聞こえないんです」 ＊電話などで。

□ ★★「残念ですが」

We're sorry to announce that we will be closing the store for good this fall.
(申し訳ございませんが、この秋で完全閉店することをお知らせします)

＊ **be sorry to say/announce/tell ...** で「残念ながら…をお知らせします」という、言いづらいことを人に伝える際の決まり文句です。先にこう謝罪してから、その後の **that** や **to** 以下で本当の用件を伝えます。

ネイティブがよく使うフレーズ

I'm sorry to say.「残念ながらその通りですね」

Track **052**

052

fire

「火」が大きくなって「火事」になり、さらにそれが「発砲」にまで飛び火し、燃えたぎる「興奮」状態に…なんてイメージ。火遊びの結果が「解雇」になりませんように！

□ ★★★「火、炎、火事、火災」

My parents like to sit outside by the fire.
（両親はたき火のそばに座るのが好きだ）

There is always a forest fire this time of year.
（1年のこの時期はいつも森林火災がある）

＊タバコやライター程度の火は **light** ですが、それより大きな火や炎、また火事や火災といった火は **fire** になります。**light a fire** で「点火する」、**make a fire** で「火をおこす」、そして **fight a fire** なら「消火活動をする」です。

□ ★★「発射、射撃、発射する、発砲する」

A war was avoided by not returning fire.
（撃ち返さないことで戦争は避けられた）

I once fired a gun at a tree in my yard.
（昔うちの庭の木に向けて銃を発砲した）

＊「火」がさらに激しくなり、「射撃、発砲」関連の物騒な言葉になるとイメージしましょう。名詞でも動詞でも使え、**fire a ...** で「…を発射する」となり、その後に **missile**（ミサイル）や **shell**（砲弾）などさまざまな武器を続けて使うことができます。

□ ★★ **「熱情、興奮、熱気」**

Selfie sticks are on fire in Asia.
（アジアで自撮り棒がブームになっている）

＊夢中になることを「火がつく」と言うのと同じで、「熱狂的になって炎のように燃えたぎる」というニュアンスです。

□ ★★ **「（質問などを）浴びせかける」**

Fire away with any questions you may have.
（質問があればどんどん聞いてください）

＊ **fire questions** で「質問を浴びせかける」、また **fire away** には「（銃などを）撃ち始める」だけでなく、「（言いにくいことなどを）思い切って話す」という意味もあります。

□ ★★ **「クビにする、解雇する」**

He was fired for being late all the time.
（彼はいつも遅刻していたのでクビになった）

＊人に向かって銃を突き付けるイメージで、会社などで人を解雇する際にも **fire** を使います。**be fired for ...** で「…でクビになった」となります。

Track **053**

053

bad

「悪い」を表す一般的な語で、「ひどい、深刻な、質の悪い、」といったネガティブなことを表します。「未熟な、不適切な」という程度の低さも表現できるのは、知らない人も多いのでは？

□ ★★「質の悪い、劣った」

Let me call you back. We have a bad connection.
(私から電話します。接続が悪いみたいだ)

＊クオリティの低さを表し、**bad car**（欠陥車）、**bad situation**（苦境）などの表現があります。

□ ★★★「ひどい、深刻な、未熟な、下手な」

The traffic is bad. Let's take an alternative route.
(渋滞している。他の道にしよう)

She's bad at driving. (彼女は運転が下手だ)

＊程度のひどさ、またレベルの低さも **bad** で表します。**bad crop**（凶作）、**bad case of flu**（重症のインフルエンザ）、**bad cook**（料理の下手な人）などは日常的に使われる表現です。

□ ★★★「有害な、悪い」

Smoking is bad for your health.
(喫煙は健康に有害だ)

＊「ひどい、嫌な、不快な」といった感情的なネガティブさだけでなく、実際的な「悪さ」も表します。**bad actor**（有害物質）、**bad assets**（不良債権）などはビジネスでもお目にかかります。

□ ★★「不適切な、不都合な」

If this is a bad time for you, I can come back later.
(今は都合が悪いなら、後でまた来ます)

＊「良くない、適さない」という意味で、**bad habit**（悪習慣）、**bad point**（短所）などの欠点や具合の悪さを表します。

ネイティブがよく使うフレーズ

That's not so bad.「そう悪くない」「まぁまぁだよ」
That can't be bad!「それはよかった！」「それはおめでとう！」

□ ★★「腐った、傷んだ」

This milk is two weeks old, so I think it's gone bad.
(この牛乳は２週間経ってるから、腐っていると思う)

＊「飲食物が悪くなる」→「腐る、傷む」と考えます。

単語コラム・2

類語の使い分け

salary と pay の違いってわかりますか？　類語の使い分けができると、驚くほど英語が上達します。ここで日本人が間違えやすい類語の使い分けを覚えましょう！

【給料】

salary　月ごとに支払われる定額の給料。
pay　給料や賃金を表す口語的な表現。
wage　時給や日給などの賃金。

【計画】

project　大がかりな計画。
plan　「計画」を意味する最も簡単な表現。
proposal　ビジネスなどでの正式な企画や提案。

【助ける】

help　「助ける、手伝う」に使える最も一般的な語。
assist　「手伝う、手助けする」のフォーマルな語。
support　個人や組織を金銭的に援助・支持すること。

【客】

customer　お店の得意客。
client　弁護士などの専門職の人や会社の顧客。
buyer　「買い手」のこと。

【仕事・職業】

job　作業や業務内容、ポジションを表す。
work　労働の意味が強い仕事。
task　他から与えられた業務。

Chapter 3

ビジネスで使える単語24

外国人上司から Don’t bank on it. と言われました。実はこれ「銀行にするな」ではなく「当てにするな」、「(大事なものを) 預ける」→「当てにする」というイメージです。そんなビジネス必須の使える単語を紹介します。

Track **054**

054

shoot

最近ビジネスでよく使われるようになったshootの意味、ご存知ですか？　shootの「急いで行動する」イメージは、ビジネスでは高評価に繋がります。ぜひ参考にしてください！

□ ★★★ **「すぐに送信する」**

When I get back to the office, I'll shoot you a message.
（職場に戻ったらすぐにメールを送るよ）

＊ **shoot** には「急いで行動する」というニュアンスがあり、そこから最近は、メールやデータを急いで送る表現として使われています。**send an email** だとふつうに「メールを送る」ですが、**shoot an email** ならやる気を見せられるので、高評価に！

□ ★★ **「急に上がる、急騰する」**

Our sales shot up by a million dollars last fiscal year.
（前年度、売り上げが100万ドル急上昇した）

＊物価や人気などが急上昇する際の表現です。**shoot up** なら「急上昇する、急成長する」という意味にもなります。

□ ★★「(視線などを) 投げる」

In the meeting, my boss shot an angry look at me when I expressed my opinion.
(会議で自分の意見を言ったら、ボスが私に怒りの視線を投げかけた)

＊これもまた急いで行動するイメージで、**shoot a look**（視線を向ける）で、サッと目をやる表現になります。

□ ★★★「撮影する」

This movie was shot in central Tokyo.
(この映画は東京のど真ん中で撮影された)

＊写真や映画などを「撮る、撮影する」という意味があり、名詞の **shooting** なら「撮影」となります。

□ ★★★「くそっ！」

Shoot! Someone broke my new camera!
(くそっ！ 誰かが私の新しいカメラを壊した！)

＊嫌なことがあった時の捨てゼリフ的な使い方です。本来 **Shit!**（クソッ！）だったのが似た音の **Shoot!** に変わったという説も。

□ ★★★「撃つ、射る、発射する」

Point the gun at the target and shoot!
(銃の狙いをマトへと定めて撃て！)

＊ **shoot** には「狙いを定めて撃つ」意味合いが含まれます。

Track **055**

055

bank

同音異義語で「銀行」と「土手」があるように、かなり幅広く使える単語です。競輪場などの高速で曲がれるようカーブにした斜面の「バンク」も、まさにこの bank です。

□ ★★**「銀行、預金する、取引する」**

I prefer to bank with a local bank, instead of one of the megabanks.
（私は大手銀行ではなく、地元の銀行で預金する方が好きだ）

＊ **bank** は名詞なら「銀行」、動詞なら「預金する」。**bank account**（銀行預金口座）、**bank balance**（銀行預金残高）、**bank book**（預金通帳）などのビジネス用語はぜひ覚えておきましょう。

ネイティブがよく使うフレーズ

You can bank on it.「当てにして大丈夫だ」
Don't bank on it.「当てにするな」

□ ★★★**「貯蔵庫、…銀行」**

The blood bank said they don't have enough blood.
（血液銀行には十分な血液がないそうだ）

＊お金以外の物の「貯蔵庫」として、**data bank**（データ・バンク）、

eye bank（アイ・バンク）などの表現があります。

ネイティブがよく使うフレーズ

I almost broke the bank.「危うく破産するところだ」

□ ★★★「胴元、場銭（ばせん）」

If I buy this jacket, it's not going to break the bank.

（もしこのジャケットを買ったら、無一文になるだろう）

＊break the bank は本来「胴元の金を巻き上げる」ですが、転じて「すっからかんになる」という意味で使われます。

□ ★★★「貯金箱」

When Sally gets her allowance, she puts most of it in her piggy bank.

（サリーは給料をもらうと、そのほとんどを貯金箱に入れる）

＊銀行のような本格的にお金を預ける場所だけでなく、「貯金箱」の意味にもなります。なんと piggy bank（ブタの貯金箱）は英語圏にもあり、これもまた日本語と同じ感覚で使えます。

□ ★「土手、堤、岸」

We sat on the river bank and had lunch.

（私たちは川岸に座って昼食を取った）

＊なんと川岸の土手も bank ですし、競輪場の傾斜のある路面も bank。豆知識として覚えておきましょう。

Track **056**

056

break

「壊す」のイメージから「(約束などを) 破る、(規則に) 違反する、(記録を) 破る」など、さまざまな物を「壊す」際に用います。名詞の「休暇、息抜き」も日常的によく使います。

□ ★★「(法律・規則に) 違反する、破る」

Sam is always breaking his word.
(サムはいつも約束を破る)

＊壊すイメージから、**break one's word**（約束を破る)、**break the law**（法律に違反する）などの表現があります。

ネイティブがよく使うフレーズ
Give me a break!「いい加減にしろよ！」

□ ★★★「(記録を) 破る、更新する、(状況を) 打破する」

Nancy is a great athlete. She's broken two world records.
(ナンシーは素晴らしいアスリートだ。 彼女は 2 つの世界記録を破った)

＊記録や状況を破る際にも用います。「記録を破る」なんて、日本語でも同じように使いますね？

□ ★★★「(封を) 切る、こじ開ける」

The door was locked, so I broke it open.
(そのドアは鍵がかかっていたので、こじ開けた)

＊強引にこじ開けるニュアンスがあり、break the seal on a bottle(ボトルの封をあける)やbreak open a bottle of wine(ワインの封を切る) などの表現に。

□ ★★★「参らせる、悲しませる、破滅させる」

Sally really broke Robert's heart.
(サリーはロバートの心をズタズタに引き裂いた)

＊精神的に参らせることを表し、break one's heart の「心を引き裂く」は、日本語と同じイメージです。

□ ★「(悪い知らせを) 打ち明ける」

Could you break the news to Linda?
(リンダにそのニュースを打ち明けてもらえる?)

＊悪い知らせを「打ち明ける」も break で表現します。

□ ★「休憩、中休み、息抜き」

What are you planning on doing during the New Year's break?
(年始休みの間は何をする予定?)

＊「休憩」「息抜き」と同じく、比較的短期の休みを指します。

Track **057**

057

share

「シェアする」はここ十年ほどで日本語化した言葉のようです。「分ける、共有する」から「株、出資、共有権」など、今時のビジネスでは必須、ぜひマスターしてください。

□ ★★★ **「分ける、分配する、共有する」**

Julia's lifestyle blog always shares the latest trends.
（ジュリアのライフスタイルのブログは最新流行の話題を共有している）

I share a car with a couple of people in my neighborhood.
（近所の人たちとカーシェアリングをしている）

＊これが最近よく使う share の用法で、他の人と情報や物を共有する際の表現になります。

ネイティブがよく使うフレーズ

I share your opinion. 「あなたと同意見です」

□ ★★★ **「一緒に食べる」**

Are you hungry? Let's share this pizza.
（おなかがすいた？ このピザを一緒に食べよう）

＊食べ物の場合「一緒に食べる、分け合う」という意味にもなり、切り分けて食べるピザにぴったりな表現です。

ネイティブがよく使うフレーズ

Let's share.「分け合おう」

□ ★★「(一人の人が持つ) 分け前、取り分」

We make sure that everyone gets a fair share of the profits.

(うちは利益をみんなで必ず公平に分ける)

＊名詞で「(一人の人が持つ) 分け前、取り分」という意味に。

□ ★「役割、参加、貢献」

Everyone was talking, but Claudia didn't share in the rumor spreading.

(みんな噂していたが、クローディアは噂を広めるのに加わらなかった)

＊本来は「噂の輪に参加する」ですが、否定形のため「噂の輪に参加しない」→「噂に加わらない」となります。

□ ★★「株、株券」

I was quick to buy shares on the new flea market app.

(新しいフリマアプリにすぐさま出資した)

＊名詞の share は「株」となり、buy a share で「株を買う」です。

Track 058

058

business

これぞまさに「ザ・ビジネス単語」です。個人的な「業務、事業」にはじまり、「売上、取引、業績、景気」と、売上から実務までビジネス全般に使えます。

□ ★★★「商売、事業、実務」

John is planning to start his own business, so he quit his job.

(ジョンは自分で起業しようとしているので、仕事をやめた)

＊日本語の「ビジネス」とほぼ同じ意味合いで使えます。**go into business / set up a business / start a business**（商売を始める)、**stay in business**（商売を続ける）はぜひ覚えておきましょう。

ネイティブがよく使うフレーズ

How's business?「調子はどう？」「元気？」

Business is business.「仕事は仕事（情けは無用)」

□ ★★「用事、用件、(会議の）議事日程」

Is there any other business? If not, let's end this meeting.

(他に用はありますか？ ないなら、この会議は終えましょう)

＊ **business** には「煩わしい物」というニュアンスもあり、そこから「用事」のような雑事を表す言葉としても使われます。

ネイティブがよく使うフレーズ

What's your business here?「こちらへは、どのようなご用で？」
Everybody's business is nobody's business.
「共同責任は無責任と同じ」

□ ★★「務(つと)め、関係のあること」

A: Why did you call Hiroko yesterday?
B: It's none of your business.
(A: なぜ昨日、ヒロコに電話したの？ B: それはきみに関係ないよ)

＊ one's business で「…のやるべきこと、務め」となります。

ネイティブがよく使うフレーズ

It's none of your business what I do.
「私がどうしようと、あなたに関係ない」
Mind your own business.「大きなお世話だ」

□ ★★「売上高、業績、景気」

Business is booming. Our sales increased by 40 percent last month.
(景気はいい。 先月の売上は 40%伸びた)

＊ business はそのまま「景気、業績」という意味でも使われます。

ネイティブがよく使うフレーズ

Business is booming.「景気がよい」
It's business as usual.「いつも通りだよ」

Track **059**

059

place

おそらく想像以上に使い勝手のいい単語でしょう。本来「特定の場所や空間」ですが、そこから「資格、境遇、立場」、また「…番になる」など、さまざまな場所を表します。

□ ★★★ **「適切な場所、本来の場所」**

I put the tool back in its place.
（私はその道具を元の場所に戻した）

＊特定の場所を「（本来あるべき）適切な場所」と捉えることもできます。**no place for children** なら「子供の来る場所ではない」となります。

ネイティブがよく使うフレーズ
This is the place.「ここがそこ（目的の場所）です」

□ ★★ **「立場、環境、境遇」**

If I were in your place, I'd feel the same way.
（私があなたの立場なら同じように思うだろう）

＊ **in one's place** で「…の立場にいたら」。**friends in high places** で「地位の高い友人」、**earn one's place in history** なら「歴史に名を残す」です。

ネイティブがよく使うフレーズ
Know your place.「身の程を知れ」

□ ★★★「自宅、家」

Let's watch TV at my place.
（うちでテレビを見よう）

＊ place が特定の場所を指すことから、one's ... で「…の家」となり、my place なら「自宅」となります。

□ ★★★「置く、設置する、配置する」

Place it on my desk. （それを机に置いてください）

＊適した場所に「置く」から「据(す)える、取り付ける、収納する」など、さまざまな意味で用い、put より丁寧に置くイメージになります。

□ ★★★「…位・…番になる」

I placed third in the marathon this year!
（今年のマラソン大会で3位に入った！）

＊序数と共に用いると順位を表すので、be in ... place in the competition で「競技会で…位になる」です。

□ ★★★「場所、所、建物」

The library is a good place for studying.
（図書館はよい勉強場所だ）

＊特定の場所や目的に使われる建物や空間を指します。

ネイティブがよく使うフレーズ
What is this place?「ここはどこですか？」

Track **060**

group

ほぼ日本語化している言葉ですが、実は動詞としてもかなり使えます。「集団」がコア・イメージですが、そこから「グループ化する」→「分類する、区別する」となります。

□ ★★★「集団、団体、グループ、企業集団」

I don't like doing group projects.
(グループ研究をするのはいやだ)

＊単に集団を指す場合と、共通の目的を持つ社会的団体や企業集団などを指す場合があります。**group discount**（団体割引）や **group business**（グループ会社）などはビジネスでも頻出表現です。

ネイティブがよく使うフレーズ

Get into groups of five.「５人組になって」

□ ★★「集める、一緒にする」

Teachers should group the students together whenever possible.
(可能であればいつも教師は生徒をグループで集めるべきだ)

＊ **group** はそのまま動詞にもなり、他動詞なら「グループにする、集める」という意味になります。

□ ★★「分ける、分類する」

We group our students by English ability, rather than age.

（生徒は年齢ではなく英語力に応じて分けられます）

＊グループごとに「分ける、分類する」という意味にもなり、group by age なら「年齢別に分類する」、group by date なら「日付でグループ分けする」です。

□ ★★「集まる、一カ所に集まる、団結する」

We need to group together all the people who speak English.

（英語を話す人はすべて１つのグループにまとめる必要があります）

＊自動詞の場合「集まる」となり、group oneself なら「集う」というイメージになります。gather のようにただ「集まる」のではなく、まとまってグループを作るイメージになります。

ネイティブがよく使うフレーズ

Group these desks together.「ここの机を一箇所に集めて」

□ ★★★「ポップスグループ、（音楽の）バンド」

My favorite rock group is Queen.

（好きなロックバンドはクイーンです）

＊ロックバンドのような数人の集団を指します。

Track **061**

061 have

こういう基礎単語こそ、使い回さないと損をします。「いる、ある、もらう、取る」など have だけで一日中過ごせるかもしれません ?!　ここではビジネスの必須表現を覚えましょう！

□ ★★★「持っている、ある」

I always have a pen and some paper in my bag.
（いつもカバンの中にペンと紙を入れています）

I have a lot to do this week.
（今週はやることがたくさんある）

She has long hair and brown eyes.
（彼女は長い髪で目は茶色い）

He has experience in sales.
（彼は営業の経験がある）

＊最も一般的な「持つ、ある」の **have** です。物だけでなく **have experience**（経験がある）、**have a lot to do**（やることがたくさんある）、**have long hair**（長い髪をしている）など、さまざまな所有表現が可能です。

ネイティブがよく使うフレーズ

Do you have time?「ちょっといい？」　＊時間があるかを聞く。

□ ★★★「(家族などが) いる、(動物を) 飼う」

My family has three cats. (うちは猫を３匹飼っている)

＊肉親や友人を「持っている」、動物などを「飼っている」という意味にもなります。

ネイティブがよく使うフレーズ

Do you have a family?「家族はいるの？」

□ ★★★「もらう、手に入れる、(病気などに) かかる」

I'll have the steak, please.
(ステーキをお願いします)

＊物や情報、また病気などを他から得るイメージで have a call(電話をもらう) や have a cold (カゼをひく) などの表現もあります。

ネイティブがよく使うフレーズ

May I have your name, please?「お名前を伺えますか？」
Have a seat.「お座りください」

□ ★★★「取る、食べる、飲む」

I don't usually have breakfast.
(ふだん朝食はとっていません)

＊ have coffee (コーヒーを飲む) や have lunch (昼食をとる) など、飲食物をとる際の表現です。

ネイティブがよく使うフレーズ

Can I have coffee, please?「コーヒーをいただけますか？」

Track **062**

062

idea

ブレインストーミングが苦手な人は、idea の意味を誤解しているのでは？　idea は考え抜いた案ではなく「ちょっとした思いつき」のこと。ですからブレストは「思いつき」で OK です。

□ ★★★ **「(心に描く) 考え、考え方、思想、意見」**

At ABC Bakery, we believe in the idea that the customer is king.
(ABC ベーカリーでは「お客様は王様です」をモットーとしています)

＊ **idea** は「考え、思想、意見」など、さまざまな頭に思い浮かぶことを指しますが、本来は「ちょっとした思いつき」。だからこそ、さまざまなニュアンスで使えるのです。

ネイティブがよく使うフレーズ

Do you have any ideas?「何か意見は？」
That's an idea.「それはいい考えだ」

□ ★★★ **「理解、認識」**

This information will give you a good idea about what our company does.
(これを知れば弊社の事業がよくわかるでしょう)

＊ **idea** は「わかる」というニュアンスにもなり、**have no idea**

で「わからない」となります。

ネイティブがよく使うフレーズ

I have no idea. / No idea.「わかりません」

□ ★★★「…という考え、予感、直観、想像」

For some reason, we all had the idea that Tim didn't like chocolate.
（どういうわけか、私たちはみなティムがチョコレート嫌いだと思っていた）

＊ちょっとかしこまった言い回しをする際の用法です。**have the (no) idea that ...** で「…と思う（思わない）」となります。

ネイティブがよく使うフレーズ

That's the idea.「その調子だよ」
The idea of it !「(そんなことを考えるなんて) ひどい！」

□ ★★「理想とするもの、イメージ」

Filling out tax forms is not exactly my idea of a good time.
（納税申告なんて、本当は私がやるようなことではない）

＊ **one's idea** で「…の理想とするもの」「…らしいもの」となり、否定形で用いると「…らしくない」となります。**She's not my idea of a mother.** なら「彼女は私の母親像とは違う」です。

ネイティブがよく使うフレーズ

It was not my idea of fun.
「それは私がよしとするものではなかった」

Track **063**

063

keep

現状維持を目指す動詞です。「そのまま取っておく」が元のイメージで、「守る、…し続ける」と変化を拒む表現になります。名詞が「食いぶち」となるのは知らない人も多いのでは？

□ ★★★ **「取っておく、持ち続ける、捨てないでおく」**

We need to keep backup copies of our data on this server.
（このサーバーにデータのバックアップコピーを保存しないと）

＊ **keep** の重要なニュアンスが「捨てないで取っておく」。**keep ... for future use** なら「将来使えるように取っておこう」です。

ネイティブがよく使うフレーズ
Keep the change.「お釣りはいりません」

□ ★★★ **「保護する、守る」**

A lifeguard's job is to keep people from danger.
（ライフガードの仕事は、人々を危険から守ることだ）

＊物理的な「守る」だけでなく **keep the peace**（平和を守る）や **keep a secret**（秘密を守る）などもあり、日本語と同じイメージで使えます。

ネイティブがよく使うフレーズ

Keep your promise.「約束は守って」

□ ★★★「とどまる、引き止める、…し続ける」

Keep going straight on this street and you can't miss the bank.
（この通りをそのまままっすぐ行けば、銀行を見逃すことはありません）

＊同じ状態を維持し続けることを意味し、**keep quiet**（静かにする）、**keep right**（右側通行をする）など注意喚起でよく使います。

ネイティブがよく使うフレーズ

Let's keep in touch.「連絡を取り続けましょう」
Keep going! / Keep at it!「頑張れ！」

□ ★★「置く、常備する、世話をする、書き記す」

I keep a record of all the money I spend.
（私は使ったお金をすべて記録している）

＊日常生活に関わる表現として、他に **keep house**（家事をする）や **keep a diary**（日記をつける）などもあります。

□ ★★「生活費、食いぶち」

I do what I can around the house to help earn my keep.
（生活費の足しとなるよう、できるだけ家のことはする）

＊ **earn one's keep** で「食いぶちを稼ぐ」です。

Track **064**

use

日本語の「使う」と同じイメージで使えます。物だけでなく、時間やお金、機会や人に対して利用でき、うれしいことにフレーズもほぼ日本語と同じなので気楽に使えます！

□ ★★★ **「使う、用いる、利用する」**

What password do I need to use?
（パスワードは何を使えばいいですか？）

＊物だけでなく場所や時間、方法など幅広いものに使い、**use someone's name**（名前を使う）や **use one's imagination**（想像力を働かせる）などは日本語と同じイメージになります。

ネイティブがよく使うフレーズ
Could I use your restroom?「トイレをお借りできますか？」

□ ★★★ **「行使する、働かせる」**

Three police officers used force against the shooter.
（３人の警官が銃撃犯に武力行使した）

＊権力や才能を利用して何かすることをいい、**use force**（暴力に訴える）や **use one's brain**（頭を働かせる）などの表現があります。

□ ★★★「消費する、使う」

I'm sorry for using your time.
(あなたの時間を無駄にしてすみません)

＊物の「消費」や、時間やお金を「費やす」ことにも use を用い、use money で「お金を使う」、use electricity なら「電力を消費する」です。

□ ★★「都合のよいように使う、うまく利用する」

Don't use children for political gain.
(政治的な目的のために子供たちを利用してはいけない)

＊利己的な目的で何かを利用することをいい、use every opportunity for ... で「…のためにあらゆる機会を利用する」です。

ネイティブがよく使うフレーズ
Use your time wisely.「時間をうまく使いなさい」

□ ★★「使用、利用、役に立つこと」

I take my camera everywhere, so I put it to good use.
(私はカメラをどこへでも持ち歩いて、大いに活用している)

＊名詞の use は「使用、利用」などの意味で用いられます。put ... to good use（…を十分に利用する）や have a variety of uses（さまざまな使い道がある）などのフレーズは、日常的に使います。

Track 065

065

need

動詞の need は「…する必要がある」とよく訳されますが、ネイティブからすると「…しなきゃ」程度のニュアンスで、自主的に何かをするイメージの言葉です。

□ ★★★「必要とする、…が欠かせない」

Bobby looks like he might need our help with the project.

（ボビーの課題を手伝ってやらないといけなさそうだ）

＊何かをするために人や物を必要とすること、また欠かせないことをいい、need one's help to ...（…するために助けを必要とする）や need money for ...（…のためにお金が必要だ）などの表現があります。

ネイティブがよく使うフレーズ

I need you.「あなたが必要だ」

□ ★★★「…しないと、…する義務がある」

I need to study hard to pass the final exam next week.

（来週の期末試験に受かるよう、しっかり勉強しなきゃ）

＊ have to ... は他から強制されて嫌々やる表現ですが、need to ... は自主的に「…しなくては」と必要性を感じるニュアンス。よ

く「…する必要がある」と重々しく訳されますが、ネイティブ的には「…しなきゃ」ぐらいのイメージで気楽に使います。

□ ★★★「必要性、義務、欲求、要求」

I have no need for people who talk to me when they need something.
(用がある時だけ話しかけてくるような人は必要ない)

＊名詞の need は堅い意味合いで使われることが多く、have a need for ... で「…を必要とする」、have no need for ... で「…を必要としていない」となります。

ネイティブがよく使うフレーズ
We have no need for assistance.「お手伝いは結構です」

□ ★★「必要なもの、ニーズ」

Water is one of our daily needs to live.
(水は生きるための生活必需品の1つだ)

＊通常 needs と複数形で用い「必需品」となります。日本語で使っている「ニーズ」と同じイメージで OK です。

□ ★★「まさかの時、難局」

If you are in need of support, please contact us.
(支援が必要な時は、どうぞ私どもに連絡してください)

＊「困った時、いざという時」という意味に。

Track 066

066

work

目的のために努力して行う作業が work の中心イメージです。苦労の末に「作品」が生まれ、機械がもうまく「動く」ようになり、薬も「効く」と考えると納得できますよね?

□ ★★★「作業する、努力する、取り組む」

They're working toward settling a difficult problem.
(彼らは難問の解決に向け努力している)

＊忍耐強く努力して取り組む様子を表し、進行形で使うと「まさに今、努力して頑張っている」表現になります。

ネイティブがよく使うフレーズ

Thank you for your hard work.「おつかれさま」
Keep going! / Keep at it!「頑張れ！」
I'll keep working at it.「頑張ります」

□ ★「担当する、勤務する」

The number of people working the fields is declining.
(畑仕事をする人の数は減少している)

＊目的語を伴い「経営する、管理する、担当する」など、具体的な仕事内容を表します。**work nights** なら「夜勤する」です。

□ ★★「動く、機能する、うまくいく、軌道にのる」

My phone doesn't work.
(携帯電話が動かない)

＊機械が「うまく動く」、計画が「うまくいく」など、正常に機能して動くことを表します。

ネイティブがよく使うフレーズ
Does this work for you?「ご理解いただけましたか？」

□ ★★「効き目がある、役に立つ」

This medicine worked for me.
(この薬はよく効いた)

＊薬などが「効き目がある」「役に立つ」など、効果があることを表します。

□ ★★「仕事、業績、作品」

Everybody's work is nobody's work.
(みんなの仕事は誰も責任がなくなる)

＊そもそも **work** は「ある目的を持って努力してやること」を表し、そこから「任務、やらねばならぬ仕事、作品」という意味になります。いずれにせよ、苦労の末に生まれたものが **work** です。

Track **067**

067

plant

本来の意味は「植物」ですが、土地に植えて育てることから「工場、施設」などの意味も生まれました。しかし転じて「わな、策略」なんて意味もあるので侮れません！

□ ★★★「工場、施設、設備」

I live near a noisy manufacturing plant.
（うるさい工場の近くに住んでいる）

＊土地に根付いて大きくなることから、**plant** が「工場」という意味にもなったのはイメージできます。**(business) investment in plant and equipment**（設備投資）や **capital plant**（資本設備）、**manufacturing plant**（製造工場）はビジネス必須用語です。

□ ★★★「植える、種をまく、植物、草木」

I planted tomatoes in my garden.
（庭にトマトを植えた）

I have plants on my veranda to keep my room cool.
（部屋を涼しくしようとベランダに植物を置いている）

＊動詞の「植える」はさまざまな物に使えますが、名詞の **plant** は「（樹木ではない）草や花」を指します。

□ ★★ **「密着する、据(す)える、立てる」**

I planted myself on the sofa and did nothing all weekend.
（週末はずっとソファーに腰かけて何もしなかった）

＊「しっかり植えつける」というニュアンスがあるため、ずっしりソファに座るイメージになります。

□ ★★ **「策略、わな」**

I think George is a plant. He might be working for one of our competitors.
（ジョージは回し者だと思う。ライバル会社に勤めているのかも知れない）

＊「人を陥れるため、その人の持ち物に **plant** した（こっそり種をまいた）」と考えると「策略、わな」もイメージできます。実は **plant** には「スパイ、回し者、サクラ」なんて、さらに腹黒な意味もあります。

□ ★ **「(思想・疑念・考えを）植えつける」**

I worked hard to plant trust in the mind of my boss.
（上司に信頼してもらおうと懸命に働いた）

＊植物を植えつけるように、人に考えを植えつける際の表現です。洗脳までいかないものの、噂を信じ込ませるイメージ。そこから **plant ... on someone**（人に…をつかませる）、**plant a mole**（スパイを潜入させる）となります。

Track **068**

068

chair

「イス」以外の意味を知っていると、ちょっと自慢できるかも？実は「議長」や「議長を務める」といった意味でも頻繁に使われ、メディアに登場するのはこの意味の方が多いでしょう。

□ ★★ **「議長・司会を務める」**

The president asked me to chair the meeting.
（社長は私に議長を務めるよう頼んだ）

＊議長や委員長などを **chairman** と呼ぶのは、この動詞に関係するから。**chair a meeting**（議長を務める）や **chair a committee**（委員長になる）は会議でおなじみの表現です。

□ ★★ **「議長、司会者」**

Mark will take the chair at the next monthly meeting.
（マークが次の月例会の議長だ）

＊本来 **chairperson (chairman)** で「イスに座っている人」→「議長、司会者」ですが、それが略され **chair** だけでも使い出したのが語源のようです。**take the chair**（議長を務める）、**obey orders of the chair**（議長命令に従う）などの表現もマスターしましょう。

□ ★★★「イス、腰掛け」

Don't sit in that chair! It's broken!
（そのイスに座っちゃダメ！　それは壊れてる！）

＊背もたれのある１人用のイスを指します（背もたれのない物は **chair** ではなく、**stool** や **sofa** など）。「座る、着席する」は **take a chair** でも **have a seat** でも **OK** ですが、一般的に **chair** は「（座るための）イス」を、**seat** は「（席というよりは）座るスペース」を指します。そのため **take a chair** なら「（イスに）腰掛けなさい」、**have a seat** なら「お座りなさい」というニュアンスになります。

ネイティブがよく使うフレーズ
Take a chair.「お座りなさい」

□ ★「処刑、電気イス」

The criminal got the chair for his horrible crimes.
（恐ろしい悪事をした犯人は死刑になった）

＊スラング的な使い方ですが、イスが転じて「電気イス（**electric chair**）」となり、そこからさらに **get the chair** で「（電気イスによる）処刑」となります。「議長」から「電気イス」まで、１単語に人生の悲哀が含まれた奥深い単語です。

Track **069**

069

send

手元から遠くに送り出す際に用います。物や言葉なら「送る」ですが、人を「派遣する」、使いを「出す」など幅広く使え、ビジネスではsend an email(メールを送る)がお馴染みです。

□ ★★★ **「送る、届ける、発送する」**

My friend sent me a care package from the US.
(友人がアメリカから小包を送ってくれた)

＊輸送手段を使って品物を送るほか、**send an email**（メールを送る）や **send someone a message**（…にメッセージを送る）など、さまざまな表現があります。

□ ★★ **「使いにやる、注文する、取り寄せる」**

I'll send for a technician to fix our equipment.
(設備を直してもらうため、技術者を呼び寄せます)

＊最近よく使われるのがお取り寄せに使う **send for ...** で（[宅配便などで] …を取り寄せる、人を呼びに行かせる）。**send for a doctor** で「医者を呼びにやる」、**send out for something to eat** で「出前を取る」となります。そのうち **send something by drone**（ドローンで取り寄せる）なんて表現もできるかもしれません。

□ ★★★「行かせる、派遣する、出す」

Cathy was sent to boarding school as a child.
（キャシーは子供のとき寄宿学校へ入れられた）

＊「送り込む」というイメージでよく使われる用法です。**send troops**（軍隊を派遣する）のように、有無を言わせぬ強引なニュアンスがあり、**send someone home**（家に帰らせる）や **send a child to school**（子供を学校にやる）、**send A to B**（A を B に行かせる）など使役動詞のようなイメージになります。

□ ★★「…の状態にさせる」

The storm sent the town into chaos.
（嵐のせいで町は混乱に陥った）

＊ **send A C** で「A を C の状態にさせる」という意味になります。突然放り込まれるようなニュアンスがあり、主にネガティブなニュアンスで用いられます。

□ ★「許す、与える」

The gods sent me the strengh to get through my exams.
（試験に受かる力を神様が授けてくれた）

＊神に許しや助力を乞う際に用い、「…を授けてくれる」というニュアンスになります。

Track 070

070

bear

「生む痛みに耐える」と想像すれば、bear の幅広い意味も納得できます。また口語で「厄介なこと」という意味があり、そこから（強引に）名詞の「クマ」も連想しちゃいましょう！

□ ★★「（実を）結ぶ、（利益や利子を）生む」

That old cherry tree still bears fruit.
（あの古い桜の木はまだ実をつける）

＊ bear fruit には「（努力が）実る、（夢が）実現する、（計画が）成果に結びつく」といった意味があります。

Our project isn't bearing the results we expected.
（うちのプロジェクトは期待した成果が得られていない）

＊「（苦労の結果）実を結ぶ＝利益を生む」というイメージ。

ネイティブがよく使うフレーズ

bear ... percent interest「…%の利子がつく」

□ ★★「耐える」

Turn that noise down! I can't bear it any longer.
（その騒音を下げて！　もう耐えられない）

＊苦痛や不快なことを我慢する際に使い、can または could + 否定形で「我慢できない」となります。

Um... Just bear with me. It's going to take a few minutes.
(えっと…ちょっと待って。数分かかりそうだ)

＊人の話などに「(辛抱して) 耳を傾ける」という意味から、Just bear with me. で「ちょっと私に我慢して」→「私のわがままを許して」→「ちょっと待って」というイメージ。

□ ★「(費用などを) 負担する」

I don't mind helping you, but I don't think I should bear all the costs.
(援助するのは構わないけど、全額は負担できないな)

＊仕方なく我慢して「負担する」ニュアンスになります。

□ ★「(悪い感情を) 心に抱く」

Sasha doesn't like me, but I bear no hard feelings toward her.
(サーシャは私を好きではないけど、私は彼女に何の悪い感情も持っていない)

＊我慢するイメージから、ネガティブな感情を抱く際に用います。

Track 071

071

talk

同じ「話す」でも、speakよりカジュアルなやり取りを表すため、「相談する、噂話をする」なんて意味で用いることも。名詞の場合「講演、会談、交渉」といった堅い意味になります。

□ ★★「相談する、話し合う、話をする、話、相談」

We had a long talk with Tim about his future.
（ティムの将来のことで長話をした）

＊時間をかけて「話し合う」ニュアンスから「相談」にもなります。

ネイティブがよく使うフレーズ

What are you talking about?「何を言ってるの？」
Talk to you soon.「また電話するね」
Now you're talking!「その調子！、そうこなくっちゃ」

□ ★★「話し合いをする、協議する」

My father and his friends always talk business during golf.
（父はいつも友人とゴルフをしながらビジネスの話をする）

＊具体的な内容について「話し合う」という意味合いもあります。

□ ★★「説得する、言い聞かせる」

I talked myself out of buying a new car.
(私は新車を買わないよう自分に言い聞かせた)

* talk oneself into ... で「…するよう自分に言い聞かせる」、talk oneself out of ... なら「…しないよう自分に言い聞かせる」です。

□ ★★「噂話をする」

If we don't do something about the rumor quickly, everyone will be talking.
(噂には急いで手を打たないと、みんなが噂するよ)

* talk の一般的な意味は「会話する」ですが、転じて「噂話をする、陰口を叩く」なんてネガティブな意味合いにもなります。

ネイティブがよく使うフレーズ

People will talk.「人の口には戸は立てられない」
You talk too much.「しゃべりすぎだ」

□ ★★「 演説、講義、講演」

Mr. Bryant will give a talk on AI this week.
(ブライアント氏は今週 AI について講演します)

* talk で「講義」という意味になる時、speech などより小規模でカジュアルな雰囲気になります。give a talk で「講演をする、発表する」です。

Track 072

072

fine

ネイティブの感覚だと「最高に素晴らしい」ではなく、「適度に良い、そこそこ良い」というニュアンス。「申し分ない、結構な」という程度の日本語が適切かもしれません。

□ ★★「素晴らしい、美しい、熟練した、上等な」

You really did a fine job on the presentation.
（きみは本当に素晴らしいプレゼンテーションをした）

＊ **fine** に **really** がつくことでかなりのほめ言葉になります。「上等な、純度の高い」という意味もあり **fine men's clothing store**（高級紳士服店）や **fine gold**（純金）などの表現もあります。

□ ★★★「いい、大丈夫、申し分なく、都合がいい」

I'm busy on Monday, but Tuesday at 7:00 pm should be fine.
（月曜日は忙しいけど、火曜日の午後7時ならいいよ）

＊「都合がいい、かまわない」というニュアンスがあり、**OK** の代わりに使うことも。フォーマルな表現のため、好感が持たれます。

ネイティブがよく使うフレーズ

That'll be fine.「結構ですよ」

That's fine with me.「それでかまいません」
Everything's going fine.「何もかも問題ない」
I'm fine.「もう十分です」

□ ★「(皮肉で) 結構な、ご立派な」

He's really gotten us into a fine mess by being late.
(彼の遅刻のおかげで、非常にややこしいことになった)

＊嫌味で言う使い方で、「ご立派な…」「結構な…」という皮肉なニュアンスに。fine excuse なら「結構な言い訳」です。

□ ★「目が細かい」

It's not raining hard. It's just a fine rain.
(ひどい雨じゃない、ほんの小雨だ)

＊「細かい」という意味があり、fine rain（霧雨）、fine sugar（精製糖）、fine skin（もち肌）などの表現があります。

□ ★「罰金、罰金を科す」

I was fined 2,000 yen for smoking on the street.
(路上喫煙で 2,000 円の罰金を科せられた)

＊ be fined ... で「…の罰金を科せられる」となります。

Track **073**

073

tell

「話す」の類語はいろいろありますが、具体的な内容を伝えるのが tell です。「命じる、注意する、教える、指示する」などもすべて tell で OK、守備範囲の広い動詞です。

□ ★★★「話す、伝える、教える 」

Cameron told me he was thinking about quitting his job.
（キャメロンは仕事をやめることを考えていると私に言った）

＊ **tell** は話の伝達に焦点が当てられた語のため、**tell** の後に話の内容を続けます。「伝える、教える、告げる」などもすべて **tell** で表現できます。

ネイティブがよく使うフレーズ

I tell you what.「あのね」「ねえ、聞いて」
What are you telling me?「一体どういうこと？」

□ ★★「わかる、判断できる」

There's no telling how the soccer game will end.
（そのサッカーの試合がどういう結果になるかはわからない）

＊明言を避ける言い回しで、**There's no telling ...**（…はわからない）や **It's hard to tell ...**（判断するのは難しい）など、主に

判断が難しいことに対して用います。

ネイティブがよく使うフレーズ

Only time will tell.「時がたたないとわからない」

□ ★★★「命令する、指示する」

I was told to bring my application to this window.

（申込書をこの窓口に持ってくるように言われた）

＊人からの「指示・命令・忠告・注意」を表現できます。

ネイティブがよく使うフレーズ

Do as you're told.「言われる通りにしなさい」

□ ★★「AをBと見分ける」

Can you tell the difference between the twins?

（その双子の違いを見分けられますか？）

＊似ている２つの物に対し、tell A from Bで「AをBと見分ける」、tell the difference で「違いがわかる」です。

□ ★「示す、知らせる」

My experience in the stock market tells me to sell these shares now.

（株式市場での経験から、今がこれらの株の売り時だとわかる）

＊情報をもとに人に何かを教える際の表現になります。

Track **074**

074

time

time に動詞があるのはご存知でしたか？　意外に便利で Let's time ... なんて使い方も。また数学の time の使い方など、あまり日本人に馴染みのない表現もマスターしましょう。

□ ★★「…の時刻を決める、時間を合わせる」

We need to time the end of the party so everyone can go home by train.
（みんな終電に間に合うよう、頃合いを見計らってパーティを終えないと）

The trains are timed to leave at three-minute intervals.
（列車は3分間隔で発車することになっている）

＊動詞の **time** には「…するための時刻を決める」、また「（行動の）時間を合わせる」という意味があり、**time one's visit to suit one's convenience** なら「…の都合のよい時間を見計らって訪問する」です。また列車などに対して受動態を使うと「…するよう時間が決まっている」となります。

□ ★★「計る」

Let's time how long it will take to get to the exhibition hall.
（展示ホールに着くまでの時間を計ってみよう）

＊動詞なら、時間や速度を「計る」という意味にも。**time a race** で「レースの時間を計る」です。

□ ★★「時代、…時代」

We need to learn about technology so we can keep up with the times.
(時代に遅れないよう技術を学ばないと)

＊**... times** と複数形にすると「…時代」となります。**in modern times**（現代に）や **in the old times**（昔は）などの表現があります。

□ ★★「…倍、（数式の）掛ける」

Five times three is fifteen.
(5かける3は15です)

＊数詞と共に用いて複数形にすると「…倍」と倍数になり、**three times** なら「3倍」です。また動詞として使うと「…倍にする」と掛け算を表すこともできます。

□ ★「刑期、刑務所に送られる」

Henry did time for offering a politician a bribe.
(ヘンリーは政治家に賄賂を贈って刑務所に入れられた)

＊スラングですが、**time** の時間を「刑期」と解釈し **do time** で「刑を務める、服役する」なんて意味にもなります。

Track **075**

075

safe

日本語の「セーフ」より幅広く、危険や損害などの恐れがなく、安全な状態を表します。身体的な安全だけでなく、判断や方法の堅実さ・用心深さを表す用法は、ぜひ身につけてください。

□ ★★★ **「安全な、無事に」**

Is this toy safe for children under three?
(このおもちゃは３歳未満の子供でも安全ですか？)

* **safe** は危険・損害の恐れがなく安全なことをいい、**be safe for ...** で「…にとって安全である」となり、**safe deposit**（貴重品保管所)、**safe place**（安全な場所）などの表現があります。

ネイティブがよく使うフレーズ

Have a safe trip!「気をつけて行ってらっしゃい！」
Get home safe.「お気を付けてお帰りください」

□ ★★★ **「無害な、危険のない」**

Crocodiles are safe to watch on TV or in a zoo.
(ワニはテレビや動物園で見る分には無害だ)

*「他に危害を加える心配がない」という意味でも使われ、主に危険と思われるものが「無害だ、危険がない」という時に用います。

□ **★★「間違いのない、無難な、堅実な」**

Having Carl lead the team is a safe bet.
(カールにチームを任せておけば間違いない)

＊判断や方法が「間違いのない、堅実な」、また本や薬が「(人に)害のない」という意味もあります。**safe investment**(堅実な投資)、**safe harbor provision**(免責条項)などビジネス用語としてよく使われる表現です。

□ **★★「用心深い、慎重な、危なげない」**

This politician's seat will be safe in the next election.
(この政治家は再選確実だ)

＊「危なげのない、用心深くて確実な」というイメージで、**from safe sources** なら「確かな筋から」、**It's safe to assume (that)** で「…はまず間違いない」となります。

ネイティブがよく使うフレーズ
Better safe than sorry.「用心するに越したことはない」

□ **★★「金庫」**

I keep my valuables in my safe.
(貴重品は金庫に入れています)

＊名詞だと「金庫」に。**fireproof safe** で「耐火金庫」です。

Track 076

076

state

「あるがままの状態」と「国家」が同じ state という単語だと、気づいていない人も多いようです。一見、相反する意味をも併せ持つ「器の大きさ」こそが state の中心イメージです。

□ ★★「状態、状況、様子」

I was in no state to work after the accident, so I took today off.

（事故にあって働ける状態でなかったので、今日は仕事を休んだ）

＊最も一般的な意味が「状態、状況」です。**state** はあるがままの状態を指しますが、類語の **condition** は特定の状態を作り出した原因や環境を指します。**state of emergency**（非常事態）のような状況の他、**liquid state**（液体）など物質の状態も表します。

□ ★★「国、政府、国家の、政府の」

The benefit gala on Friday is a state-funded event.

（金曜日の慈善行事は公費でまかなわれている）

＊「主権を持つ国家、政府」またそれに関わる物事を指します。**head of state**（国家元首）、**state affairs**（国政）、**state bond**（国債）、**state property**（国有財産）などは必須時事用語です。

□ ★★「述べる」

Not to state the obvious, but the Lions are losing this game.
（はっきりとは言えないが、ライオンズは試合に負けるだろう）

＊動詞の **state** は「自分の意見をはっきり言う」というニュアンスで、そこが **say** や **tell** などと大きく異なる点です。**state one's opinion**（意見を言う）など堅い表現で好まれます。

□ ★★「国の公式行事、儀式、公式の」

A state visit is a formal visit by a head of state to a foreign country.
（公式訪問とは、国の首相による他国への公的な訪問のことだ）

＊ **state** には「公式の」という意味もあり、そこから「公式行事」という意味でも使われます。**state visit** で「（他国への）公式訪問」、**state occasion** で「特別な公式行事」となります。

□ ★★「米国、州」

How many states are in the United States?
（アメリカにはいくつ州があるの？）

＊略して **the States** で「アメリカ合衆国」に、そしてそれを構成する「州」は **state** と小文字で表します。

ネイティブがよく使うフレーズ
Are you from the States?「アメリカの出身？」

Track **077**

077

miss

実は英語の miss に、日本語の「ミスする」のような「間違える」という意味はありません！　本来の miss は「取り逃がす、何かを失って残念に思う」。正しい用法を覚えましょう。

□ ★★「取りそこなう、取り逃がす」

The train to the airport was late and I missed my flight.
（空港への電車が遅れ、飛行機に乗りそこねた）

＊さまざまな「取り逃がす」表現に用います。**miss the train**（電車に乗りそこなう）、**miss a person**（会いそこねる）、**miss the appointment**（約束が守れない）など、あらゆる状況で使えます。

ネイティブがよく使うフレーズ

You can't miss it.「すぐわかります」

Don't miss it.「乞うご期待」「見逃さないで」

□ ★★「ないのに気づく、寂しい」

Sarah misses her old friends since she moved to a new city.
（サラは新しい町に引っ越して、昔の友だちに会えないのを寂しがっている）

＊何かがないことに気づき、「寂しく思う、残念だ、遺憾だ」というニュアンスに。**miss someone** で「…を恋しく思う」です。

ネイティブがよく使うフレーズ

I'll miss you.「さみしくなるね」

□ ★★「的を外れる、取り逃がす」

Fred tried to aim carefully at the archery contest, but he missed many times.
（フレッドはアーチェリー大会で注意深く的を狙ったが、何度も外した）

＊英語の miss に日本語の「ミスする（間違える）」の意味はなく、miss the target（狙いを外す）のように「外す、逃す」です。

□ ★★「打ちそこない、的外れ、失敗」

The talented performer shot five times with his pistol and didn't miss.
（その天才パフォーマーは拳銃で 5 発撃ち失敗しなかった）

＊名詞の miss は「失敗」という意味にもなることから、near miss なら「惜しい失敗」です。

ネイティブがよく使うフレーズ

A miss is as good as a mile.「失敗は失敗」「外れは外れ」

□ ★★「…嬢、…さん」

How may I help you, miss?
（どのようなご用件でしょう、お嬢さん？）

＊若い女性への呼びかけで、日本語の「お姉さん」のイメージ。ただ最近では差別と取られることもあり、避けたほうが無難です。

単語コラム・3

アメリカ英語とイギリス英語

アメリカ英語とイギリス英語に違いがあることは知っていても、どの単語が違うのか知らない人は多いようです。単語の使い分けと同じく、文章もどちらの英語かで使い分けるべきです。ごっちゃにならないよう、ここでその違いを覚えましょう。

日本語	アメリカ英語	イギリス英語
□ （建物の）１階	first floor	ground floor
□ エレベーター	elevator	lift
□ 携帯電話	cell phone	mobile (phone)
□ ファスナー	zipper	zip
□ 地下鉄	subway	underground
□ 紙幣	bill	note
□ 薬局	drugstore	pharmacy
□ 缶	can	tin
□ 秋	fall	autumn
□ 高速道路	freeway	motorway
□ フライドポテト	French fries	chips
□ ガソリン	gas	petrol
□ （順番待ちの）列	line	queue
□ 映画	movie	cinema
□ 鉄道	railroad	railway
□ 店	store	shop
□ アパート	apartment	flat
□ ズボン	pants	trousers
□ 庭	yard	garden

知って得する単語23

「布団を干す」って英語でどう言うか、わかりますか？　正解は air out the futon で、なんと「干す」は air で表現するんです！　そんな「知ってると、ちょっと自慢できる」単語をご紹介しましょう。

Track **078**

078

air

airといえば第1義は「空気」ですが、動詞があるのはご存知ですか？　air out the futonで「布団を干す」、日本人が大好きな布団干しの習慣は、airを使って説明しましょう。

□ ★★★ **「様子、外見、雰囲気、(人の)態度」**

She has the air of someone who knows what they're doing.
(彼女はすべてがわかっているような雰囲気を漂わせている)

＊「人の周囲に漂う空気」から「雰囲気」という意味になり、**with an air of authority**(偉そうに)、**with an air of disbelief**(信じられないといった態度で)などの表現になります。

□ ★★ **「放送・放映する」**

The TV program I'm on will air on Friday at 7:00 am.
(私のお気に入りのテレビ番組は、金曜日の午前7時に放送する)

＊ **on air**は日本語にもなっていますが、**air**を動詞として使えば「放送・放映する」になるのは知らない人も多いようです。

□ ★「表明する、打ち明ける」

If you'd like to air your grievances, now is the time.
（不満を表明するなら、まさに今がその時だ）

＊意見や不満を周囲に表明する際に使い、air one's opinion で「…の意見を述べる」となります。

□ ★★「外気に当てる、干す、乾かす」

It's good to air out your futon at least once a week.
（布団は少なくとも週に一度は干すほうがいい）

＊衣類や寝具を「干す」際の表現です。ネイティブは日常的にそう使う表現ではありませんが、日本人にとっては重要かも？

□ ★★「飛行機で」

I'll send you this package by air, so it should arrive by Friday.
（この荷物を航空便で送るから、金曜日には届くでしょう）

＊ air だけでは「飛行機」にはなりませんが、by air とすれば「飛行機で、航空便で」となります。

Track **079**

079

bet

教科書ではあまり目にしない単語ですが、ネイティブは非常によく使うので日常英会話ではマスト！　本来の意味は「賭ける」ですが、転じてさまざまな相づち表現で使えます。

□ ★★「賭ける」

My friend lost all his money by betting on horses.
（友人は競馬で全財産を失った）

＊本来はお金などを賭ける際の表現です。**bet on ...** で「…に賭ける」、**bet ... yen** なら「…円を賭ける」となります。

ネイティブがよく使うフレーズ
I bet my life on it.「命を懸けてもいい」「絶対に間違いない」

□ ★★「断言する、主張する」

I'll bet you it rains tomorrow.
（明日は絶対、雨が降るって［賭けてもいいよ］）

＊スラング的な用法で、「お金を賭けてもいいくらい断言できる」というニュアンス。**I('ll) bet ...** で「きっと…だ」となります。

ネイティブがよく使うフレーズ
You bet it is.「そのとおり」「もちろん」

□ ★★「きっと、もちろん、絶対に」

I'll bet it gets really hot in Singapore in July.
(シンガポールの7月は絶対に暑くなるよ)

＊ I'll bet ... で「…に賭けてもいい」→「絶対に…だ」と強調する表現になります。

□ ★★「そうは思わない、それは当てにならない」

I wouldn't bet on Greg coming on time. He's always late.
(グレッグは時間通りに来るとは思わない。彼はいつも遅れる)

＊ I wouldn't bet on ... で「…に賭けることはできない」→「…とは思わない」と相手を否定する表現になります。

□ ★★「最善策、一番いい方法」

This cookbook is the best bet for learning a lot of dishes.
(料理をたくさん覚えるなら、この料理の本が一番いい)

＊ bet には「有望な物・人」という意味があり、そこから the best bet で「一番有望だ、一番いい」となります。

Track 080

080

set

日本語の「セットする」のイメージのまま、さまざまなシチュエーションで使える便利な単語。基本は「所定の場所に据える」ですが、「きちんと感」があるのが set ならではです。

□ ★★★「(特定の場所に動かないよう) 置く」

Tim, could you set these glasses on the table?
(ティム、ここのグラスをテーブルに置いてくれる?)

＊「所定の場所に置く」というニュアンスです。put だとただ「置く」ですが、set なら「いつもの場所に整えて置く」イメージに。

□ ★★★「決められた、型どおりの」

I use a set closing phrase at the end of all emails.
(私はすべてのメールを決まり文句で終える)

＊スポーツの「セットプレー」set play や「定食」の set meal、「規定ルール」の set rule もこの用法です。

□ ★★★「用意ができて」

We're all set for the BBQ this Saturday.
(今度の土曜日のバーベキューは準備万端だ)

＊「準備が整っている」＝「セットされている」状態です。

ネイティブがよく使うフレーズ

Everything is set.「準備完了」
All set?「準備できた？」

□ ★★★「(道具などの) ひとそろい、ひと組」

This set of teacups cost a lot of money.
(このティーカップのセットは高かった)

＊グループで１セットとなる物に対して用います。

□ ★★★「(…の状態に) する」

Jerry set his pet turtle free.
(ジェリーは飼っていたカメを放した)

＊ある状態に「据(す)え置く」イメージです。また **set to ...** なら「…することになっている」という予定された状況を表します。

□ ★★★「(日・月が) 沈む」

Let's do fireworks after the sun sets.
(日が沈んだら花火をしよう)

＊「所定の場所に決まって沈む」ことから **set** を使います。こう考えると **sunset** もイメージしやすいですよね？

Track 081

081

go

前へ遠くへと進むイメージが go です。元の場所から常に前進するイメージがあり、特に無生物主語で go を使うとネイティブらしいリアルなニュアンスが出せます！

□ ★★★「(目的があって）行く、…する」

I always go to bed when I want to.
(いつも寝たくなったらベッドに入るんだ)

＊ **go to school**（学校に通う）や **go to bed**（寝る）のように、目的地（**school** や **bed**）の機能に重点を置いた表現の場合、後の名詞は無冠詞です。テストでもよく出題されましたよね？

ネイティブがよく使うフレーズ

I must be going now.「これで失礼します」

□ ★★★「（目的のために）出かける、…しに行く」

Let's go for a hike. （ハイキングに行こう）

＊ある目的のために出かける場合、**go for a drink**（酒を飲みに行く）、**go for a drive**（ドライブに行く）など、**go for** の後に名詞を続ければ「…しに行く」という表現に。ノリのいい誘い方になるので、こう言われたら相手も **OK** しやすいはず！

□ ★★「…の状態になる」

All the apples went bad. （リンゴがみんな腐った）

＊ go で状態の変化を表せます。ただしなぜか go crazy（気が狂いそう）、go missing（行方不明になる）、go bankrupt（破産する）など、ややネガティブな意味になることが多いです。

□ ★★「到達する、及ぶ、続く」

I thought the meeting was going to go until 5:00.
（会議は5時までかかると思った）

This path goes to the train station.
（この小道は電車の駅まで続いている）

＊目的地まで続くイメージです。This path ... の無生物主語の文だと、道がずーっと遠くまで続く光景が目に浮かびますよね？

ネイティブがよく使うフレーズ

How did it go?「どうだった？」
How are things going?「調子はどう？」「元気？」

□ ★★★「動作する、進展する」

The airplane went out of control.
（その飛行機は制御不能になった）

＊ go to the trouble of ...（苦労を惜しまず…する）や go to the expense of doing...（大金をつぎ込んで…する）のようなフレーズなら、「…して…する」という動作の進展が表せます。

Track **082**

082

say

人に何かを知らせる際に使う語です。「言う」だけでなく、新聞などに「書いてある」、表情が「表す」など、さまざまな伝え方が可能です。「ねえ、おい」といった呼びかけもあります。

□ ★★★ **「意見を述べる、断言する」**

I'm afraid I can't say any more on that matter until the press conference.
（その件については記者会見まで何も話せません）

＊否定文や疑問文で用いると堅い表現になり、**I'm afraid I can't ...** で「残念ながら…できません」という断りのフレーズに。

ネイティブがよく使うフレーズ

I can't say. 「さあ、わからないな」
I don't know what to say. 「何と言っていいかわかりません」

□ ★★ **「書いてある、出ている」**

His message says that he will be a little late.
（彼のメールには少し遅れると書いてある）

＊新聞や手紙などに「…と書いてある」と伝達する際の表現です。無生物主語にあえて **say** を使うことで、「ほら、こう書いてあるよね」というリアルなニュアンスが出せます。

□ ★★「仮に言えば、たぶん、たとえば、言ってみれば」

He pulled out of the deal, just as you said he would.
(あなたが言ったとおり、彼は取引から手を引きました)

＊ **just as you said**（あなたが言った通り）のような「ちょっとした一言」を入れることで、相手との距離も近くなります。

□ ★★★「ねえ、いや本当に、まったく」

Say, what do you think of this idea?
(ねえ、この考えをどう思う?)

＊「ねえ」と人の注意を引くにも、「まったく」と言葉のつなぎにもなる、思いの外「使える単語」です。困った時は **Say ...** で会話を始め、時間を稼ぐのも手かもしれません。

ネイティブがよく使うフレーズ
Say, there!「ねえねえ！」

□ ★★★「発言権、発言の機会」

I would like to have more say in the decision-making process.
(意思決定の過程でもっと発言させてもらいたい)

＊名詞だと「発言権」なんて堅い言葉に。**Have your say.** で「言いたいことを言ってしまいなさい」という言い回しになります。

Track **083**

083

buy

「お金を出して手に入れる」から、なぜか「(意見を) 受け入れる」という意味に。日本語で価値を認める際「努力を買う」と表現しますが、それと似たイメージなのかもしれません。

□ ★★★「買う、購入する」

Let's go to the convenience store. I need to buy some things for dinner.
(コンビニに行こう。夕食用にもう少し買わないといけない物がある)

＊ **get** にも「買う」の意味がありますが、**buy** は「お金を出して手に入れる」ニュアンスが強く、そのため保険や各種サービスのような「形なき物」をあえて買う際にも使われます。

ネイティブがよく使うフレーズ

I'll buy you a coffee.「コーヒーをおごるよ」

□ ★「受け入れる、信じる」

I don't buy that Prince William's wife is your cousin. Show me some proof.
(ウィリアム王子の奥さんがきみのいとこだなんて信じない。証拠を見せろよ)

＊主に否定形で使われるスラングで、「(もっともらしい話を) 信じないよ」というニュアンスに。**believe** より気軽に使えます。

ネイティブがよく使うフレーズ

I buy that.「賛成だ」

□ ★★★「買収する」

You'll give me 300 dollars to lie for you? I can't be bought.
（きみをだませたら 300 ドルくれる？　買収は受け付けないよ）

＊受動態で「私は買われません」→「買収されないよ」となります。

□ ★★「株主になる、信じ込む、受けいれる」

Jack wants me to buy into his company, but it sounds pretty risky.
（ジャックは私に株主になってほしがっているが、ちょっと危ない気がする）

＊ **buy into ...** で「…の内部を買う」イメージから「（企業などの）株主になる」となります。

□ ★★★「（安い）買い物、格安品」

This computer is only 500 dollars. It's a great buy.
（このコンピュータはたった 500 ドル。お買い得だよ）

＊名詞の **a buy** で「格安品」、**It's a great buy.** なら「お買い得だよ（買った買った）」なんてニュアンスになります。

Track **084**

084

cause

「原因、理由」といった意味がありますが、主にネガティブなことに対して用いるのが cause の特徴。災害や事故といった良くない出来事の原因、またそれを引き起こす行為を表します。

□ ★★★ **「原因、要因」**

I can't find the exact cause of my computer breaking down.
(コンピュータが壊れた正確な原因はわからない)

＊物事を引き起こす原因を表しますが、**reason** と違いあまりいい意味合いで使われないことに注意。ネガティブな文脈なら **cause** を使いましょう。

□ ★★★ **「原因となる、引き起こす」**

Fortunately, the typhoon only caused minor damage to the area.
(幸いにも、台風はその地域にわずかな被害しかもたらさなかった)

＊あまり良くないことを引き起こすのが **cause** です。**cause damage**（被害をもたらす）や **cause stress**（ストレスをもたらす）などは、まさにそのイメージの表現になります。

ネイティブがよく使うフレーズ

I'm sorry for the trouble this error caused you.
「今回の誤りによりご迷惑をおかけして申し訳ありません」

□ ★★★「大義、主義、主張」

We worked for the cause of world peace.
(私たちは世界平和のために働いた)

＊集団の目標となるような、実現が困難な理想や大義を表します。cause of freedom（自由という大義）や cause of a conflict（紛争の原因）といった大きな目標になります。

ネイティブがよく使うフレーズ

cause and effect「原因と結果（因果関係）」

□ ★★★「根本的原因、根拠、動機」

The scientist said that global warming is one of the root causes of climate change.
(地球温暖化は気候変動の根本的原因の1つだと科学者は言った)

＊問題の根拠や根本的な原因も表し、without good cause（十分な理由もなく）や cause for concern（心配するだけの理由）など、行動の正当な理由を述べる際に使います。

ネイティブがよく使うフレーズ

I have no cause for complaint.「文句を言う理由はない」

Track 085

085

expect

「予想する」がなぜ「妊娠している」になるのか？ と疑問に思う人も多いですが、「待ち望む」からの派生と考えれば納得。think より期待感のあふれる表現になります。

□ ★★★「予想する、…するつもりである」

I didn't expect so many people to come to the party.

（そんなに大勢パーティに来るとは思わなかった）

＊ **expect** は「当然のこととして期待する」時に使う語のため、過去をふりかえると「（当然）…だと思っていた（思わなかった）」となります。

ネイティブがよく使うフレーズ

I expected this to happen.「こうなることは予期していた」

□ ★★★「要求する、求める」

What time do you expect me to be there?

（私は何時にそこにいればいい？）

＊当然のこととして要求するニュアンスがあるので、自分に対して使うと「（あなたは私に）…するよう期待しているの？」→「…すればいいの？」となります。

ネイティブがよく使うフレーズ

You expect too much.「君は多くを要求しすぎだ」
What do you expect me to do?
「私に何をしろとおっしゃるのですか」

□ ★★★「(…が起こる) だろうと思う」

I was expecting it to rain yesterday.
(昨日は雨が降ると思っていた)

I'm expecting a call from Peter.
(ピーターからの電話を待っています)

＊進行形を使うと「…が起こる（来る）だろうと思う」という予測を表し、「…するといいな」という期待感も含んだ表現になります。**expect a call** で「(人)から電話がかかってくるのを待つ」、**expect a referendum** で「住民投票を期待する」です。

□ ★★★「(赤ちゃんを) 産む予定である」

I heard that Mary is expecting again. It'll be her third child.
(メアリーがまた妊娠しているんだって。3人目の子供だ)

＊自動詞の現在進行形で使うと「妊娠している」という意味になります。「期待しています」と応援するつもりで **I'm expecting.** と人に言ったら、「妊娠してるの？」なんて驚かれますよ！

Track 086

086

hook

「なぜこの単語が？」と思うかもしれませんが、フック船長の「フック」であり、ワンピースの「ホック」です。「引っ掛ける、留める、人を捕まえる」など、実はかなり日常的な単語です。

□ ★★★ **「鉤（かぎ）、留め金、ホック」**

You can hang your coat on this hook.
（コートはこのフックにかけられます）

＊引っかけるため先の曲がった物を指します。日本語だと「フック（壁についたコートなどをかける物）」と「ホック（ワンピースなどの留め金）」と別の言葉として使っているようですが、どちらも同じ **hook** だって、知ってましたか？

□ ★★★ **「釣り針、かぎ針」**

I need to buy some fishing hooks.
（新しい釣り針を何本か買わなきゃ）

＊ **fishing hook** といえば釣り用の「かぎ針」です。先の曲がった形状の物は基本的にすべて **hook** ですから、用途により表す物が変わることに注意しましょう。

□ ★★★「聞かせどころ、さび」

The hook of Miller's new song is really catchy.
(ミラーの新しい曲のサビはすごくキャッチーだ)

＊「心に引っかかる物」と考え、曲の「聞かせどころ、サビ」も **hook** です。また人を引きつける「仕掛け」の意味でも使われます。

□ ★★★「つるす、引っ掛ける、(ホックで) 留める」

I helped Nancy hook up her dress.
(私はナンシーがドレスのホックを留めるのを手伝った)

＊動詞として使えば、**hook a dress**（ドレスをホックで留める）**hook a hat**（帽子を引っ掛ける）などの他に、**hook a ride**（車に乗せてもらう）という使い方もあります。

□ ★「(人を) うまく捕まえる」

The company hooked a great recruit when Joseph joined.
(ジョセフが入社した時、その会社は新入社員を大量に採用した)

＊ナンパではありませんが「人をうまく捕まえる」意味もあり、**hook a customer**（客を捕まえる）、**hook a husband**（夫［結婚相手］を捕まえる）なんて表現もあります。ちなみに派生語の **hooker** には「引っ掛ける人」→「売春婦」なんて意味も。

Track 087

087

date

「デート」と「日付」が同じ英単語とは、よくよく考えるとすごいことです。動詞も「日付をつける、年代を示す」の他、「デートする」などとカジュアルな意味もあります。

□ ★★★「日付、期日、日取り」

I'm busy on Thursday, so can we change the date of the meeting to Friday?
(木曜は忙しいので、会議を金曜に変えられますか?)

＊最も一般的な意味は「日付」でしょう。ちなみに「日付」と言うぐらいなので、年月日の「日（曜日）」まできちんと表します。

ネイティブがよく使うフレーズ

What's the date (today)?「今日は何日ですか？」
What date is it today?「今日は何日ですか？」
Have you set the date?「日取りは決めましたか？」

□ ★★★「日付を書く」

Before you mail the documents, make sure you date them.
(書類を送る前に、日付を入れたか確かめてください)

＊ date を動詞で使うと「日付を書く」となります。

□ ★「古めかしい、時代遅れの」

This type of music is beginning to date.
（この手の音楽は時代遅れになり始めている）

＊ date を動詞で使うと「日にちが経ちすぎている」→「時代遅れの」となります。受動態で使い ... is dated とすると「…は古い」となります。

□ ★「古く思わせる、時代遅れに見せる」

I remember when we listened to music on cassette tapes. I know that dates me!
（カセットで音楽を聴いたのを覚えてる。年がわかっちゃうね！）

＊言動や服装などから年齢が高いことを示す（時代遅れに見せる）際の表現です。日本語だとこんなに説明が必要なことが、英語では date の１単語で表現できると思うとすごいですよね？

□ ★★★「付き合う」

I heard that Susan and Mike aren't just friends, they're dating.
（スーザンとマイクはただの友達ではなく、付き合っているんだって）

＊日本語の「デート」とイコールで、名詞にも動詞にもなります。

ネイティブがよく使うフレーズ

How was your date?「デートはどうだった？」

Track **088**

088

foot

「足」の大きさが、単位のフィートの元です。世界的にメートル法に移行しつつも、アメリカだけが頑なにフィートを使っているので、英語を使う以上フィートの単位感覚を持ちましょう。

□ ★★★ **「足」**

Don't put your feet on the table!
（テーブルに足は載せないで！）

＊ **foot** はくるぶしより下を指し、それより上は **legs**（脚）です。基本的に両足で１セットのため **foot** ではなく複数形の **feet** を使うことがほとんどで、フレーズもほぼ **feet** を使ったものになります。

□ ★★ **「フィート（長さの単位）」**

My balcony is several feet wide.
（うちのバルコニーは幅数フィートです）

＊長さの単位は複数になるのが当然のため、そもそも複数形の「フィート」が単位になります。「フィート」は足の大きさからきた単位で、１フィート＝約 30.48 センチです。

□ ★★「最下部、ふもと、下部」

There's a convenience store at the foot of the mountain.
(その山のふもとにコンビニがある)

＊意外によく使う言葉です。足元部分を表し**foot of the stairs**(階段の下の所)、**footnote of the page**（ページの脚注)、**the foot of a mountain**（山のふもと）などの表現があります。

□ ★★★「徒歩で、歩いて、歩み」

Are you going to go on foot or by taxi?
(歩いて、それともタクシーで行く?)

＊ **on foot** で「徒歩で」となり、そこから **set off on foot**（歩き出す)、**fall on one's feet**（首尾よく難を免れる［猫が落下する時、足から着地することから]）などの表現があります。

□ ★「勘定を払う、(経費を) 持つ」

You paid last time, so I'll foot the bill today.
(前回はあなたが払ったので、今日は私が払います)

＊スラングでは、**foot** で「しぶしぶ勘定を払う」となります。日本語で「足を出す」は「予算を超えて支出する」ことですが、まさにそれと同じイメージなのかも（？）しれません。

Track 089

089

good

「良い」を表す最も一般的な語です。ただし最上級の best ではないように、「最高」ではなく「良い、優れた、都合の良い」程度のニュアンスになるので気をつけましょう。

□ ★★★「よい、上等の、すぐれた、うれしい」

I don’t think my English is good enough to pass the exam.
(私の英語力はいまひとつだから試験に受からないと思う)

＊ **good** は「最高ではないものの平均よりも良いレベル」を指す、ほめ言葉です。**good act**（善業）や **good quality**（高級）、**good actor**（名優）など、さまざまな物の「良さ」を表します。

ネイティブがよく使うフレーズ
Good to see you.「会えてうれしい」

□ ★★★「適した、役に立つ、都合がよい、便利な」

What time is good for you?
(都合がよいのは何時ですか？)

＊ **be good for ...** で「…に値する、ふさわしい」となることから、**good for eating**（食用に適する）、**good for the business**（仕事に役立つ）など、何らかで有用な意味合いとなります。

□ ★★★「かなりの、たっぷりの、十分な」

This store has a good selection of used English books.
（この店は英語の古本の品揃えがよい）

＊量や数などが相当数であることをいい、good deal（相当量の）、good distance（かなり遠い）などと表現します。

□ ★★★「利益、…のため、効果」

Sometimes you're too nice for your own good.
（君はときどき人がよすぎて自分のためにならない）

＊人や考え・助言などが何かの「ためになる」ことをいい、主に for one's own good（自分のために）のフレーズで使います。

□ ★★★「よいこと、役に立つこと、親切、善行」

She's been able to do a lot of good since she took office.
（彼女は就任以来、大きな利益をもたらしている）

＊名詞の場合、さまざまな美徳を表します。また goods と複数形にすると、日本語の「グッズ（商品、物品）」になります。

ネイティブがよく使うフレーズ

Good point.「いいところに目をつけた」「それだよ、それ」

Track 090

bag

bag は四角いカバンではなく、袋の形をした入れ物です。袋の形から「目の下のくま」、そして「(袋に入れ) 手中に収める」イメージから「得意、仕留める」という意味に派生します。

□ ★★★「袋、鞄(かばん)、ハンドバッグ」

I keep my old shoes in a plastic bag.
(私はビニール袋に古い靴を入れておく)

＊ **bag** と言うとしっかりした鞄を想像する人が多いですが、本来は袋状の物を指します。そのためレジで **bag** と言われたら **plastic bag**（ビニールのレジ袋）のことです。

ネイティブがよく使うフレーズ

Would you like a bag?「袋はいりますか？」
Do you need a plastic bag?「レジ袋はいりますか？」

□ ★★★「袋 1 杯の量」

I bought two bags of snacks for the party.
(私はパーティ用にスナックを 2 袋買った)

＊袋詰めの物に使い、**bag of assorted snacks**（お菓子の詰め合わせ袋）や **bag of chips**（ポテトチップ一袋）などと使います。

□ ★★「関心の的、得意」

You can go if you want, but opera isn't my bag.
（行きたければ行ってもいいけど、私はオペラに興味はない）

＊主に not one's bag と否定形で用いられ「興味はない、得意ではない」となります。

□ ★★「目の下のくま、皮膚のたるみ」

I only slept one hour last night, so now I have bags under my eyes.
（昨晩1時間しか寝なかったので、今目の下に「くま」がある）

＊目の下の「くま」が袋状のことから bag で表現します。

□ ★「手に入れる、仕留める、確定して」

The negotiations were tough, but the contract is in the bag.
（交渉は大変だったが、契約は確実だ）

＊ bag には「（袋に入れて）自分のものにする」イメージから、be in the bag で「（成功や契約が）確実だ」となります。

□ ★「袋に入れる、失敬する、とる」

Could you bag it for me?
（それを袋に詰めてもらえますか？）

＊動詞には「袋に入れる」の他、「失敬する」なんて意味もあります。

Track **091**

091

party

「パーティ」だけだと思ったら大間違い！ 「一行」や「政党、関係者」など複数人の集まりも表します。group との違いは、party が「ある目的で集まった集団」だということです。

□ ★★★「パーティ、会、集まり」

Can you come to my housewarming party?
（新築祝いパーティに来てくれる？）

＊お客様を招待して食事や余興などでもてなす集まりを言います。**dinner party**（夕食会）や **informal party**（気のおけないパーティ）などの他、**farewell party**（送別会）は **TOEIC** の頻出単語です。ちなみに「パーティを開く」は **have a party** が最も一般的。**hold** だと「開催する」という、やや堅いイメージになります。

ネイティブがよく使うフレーズ
Let's have a party.「パーティを開こう」
The party's over.「パーティは終わりだ（遊びは終わり）」

□ ★★★「一行、一団、一隊」

Can I make a reservation for a party of four?
（4 人グループで予約できますか？）

＊ある目的で集まった集団をいい、**party of ...** で「…人組」と

一行の人数を表します。**rescue party**（レスキュー隊）や**sightseeing party**（観光グループ）などの表現もあります。

□ ★★★「派、党派、政党」

Which political party do you support?
(支持政党はどこですか?)

＊「同じ目的で集まった集団」のイメージから政党なども表し、**ruling party**（与党）、**opposition party**（野党）、**party member**（党員）などはメディアでもおなじみです。

□ ★★★「関係者、当事者、共犯者」

I'm sure that all parties involved will agree to the change.
(きっと関係者はみな変更に同意する)

＊ **party** に「一行」の意味があることから、事件などの「当事者、関係者」という意味にも。**injured party**（被害者）、**guilty party**（加害者）、**third party**（第三者）などはぜひ覚えておきたいものです。

□ ★★★「パーティを楽しむ、パーティに出かける」

We're going to party tonight. Why don't you join me?
(今夜パーティをするんだけど、来ない?)

＊ **party** を動詞にすれば「パーティを楽しむ」に。最近は **party people**（パーティ好きな人々）なんて言葉もありますね。

Track **092**

092

pound

「ポンド」を通貨や重量の単位でしか使わないのは、あまりに惜しいです。「ドタドタ走る、ドンドン叩く、ドキドキする」と擬音語まじりの表現は、実は日常的にかなりよく使います。

□ ★★★「激しく高鳴る、ドキドキする」

My heart was pounding with excitement.
（興奮で胸が高鳴った）

＊興奮や緊張などで心臓が激しく高鳴る様子を言います。「心臓がドキドキしている」と言う時は、この pound を使うと「ドキドキ」の感じがうまく伝えられます。

ネイティブがよく使うフレーズ

My heart started pounding.「心臓がドキドキしてきた」
My heart is still pounding.「まだ心臓がドキドキしている」

□ ★★★「ポンド（重さと通貨の単位）」

I lost 10 pounds on this diet.
（このダイエットで 10 ポンドやせた）

I exchanged 20,000 yen into pounds.
（2 万円をポンドに両替した）

＊ポンドは重さの単位で約0.4536グラム、またユーロに加入しなかったイギリスの通貨でもあります。

□ ★★「何度も強打する、激しく打ち付ける」

The wind was pounding against the windows.
（風が窓を叩きつけていた）

＊繰り返し激しく叩きつけるイメージです。pound on the door なら「ドアをドンドンと叩く」、pound a nail into the wall なら「壁にくぎを打ちこむ」となります。

□ ★★「さんざんに打つ、ポンポン鳴らす、カチカチと打つ」

Jack simply pounded on his computer keyboard all day long.
（ジャックは一日中パソコンのキーボードを猛烈な勢いでただ打っていた）

＊ピアノやドラムなどを激しく打ち鳴らすイメージです。pound on a computer keyboard（キーボードを猛烈な勢いで打つ）、pound on the drums（ドラムを打ち鳴らす）などと表現します。

□ ★★「ドタドタと走る、のしのし歩く」

Someone came pounding down the stairs toward us.
（誰かが私たちのほうに向かって階段をドタドタと降りてきた）

＊音を立てて勢いよく走る様子を言い、come pounding down（ドタドタと走り降りて来る）の言い回しでよく用います。

Track **093**

093

SO

「そのように、それくらい」と程度や方法を表し、また代用語としても使われます。きちんとした返事ができない時、so のような曖昧表現を知っていると、うまく切り抜けられます！

□ ★★★ **「とても、非常に、大変」**

Karen looks so happy in her engagement photos!
(婚約写真のカレンはとても幸せそうだ)

＊「とても、非常に」と強調する際に用います。

□ ★★★ **「そんなに、こんなに、それほどに、これほどに」**

Don't talk so loud. You're making my head hurt.
(そんなに大声を出さないで。頭が痛くなるよ)

＊その場の状況や相手の言葉を受け、「そんなに、こんなに」と程度を表す際の言葉です。

□ ★★★ **「…など」**

I took lots of pictures of lions, tigers, monkeys and so on at the zoo.

(ライオンやトラ、サルなど動物園でたくさん写真を撮った)

＊物事を列挙した後に用いる表現で、**and so on** で「…など」となります。

□ ★★★ **「…もそうだ」**

Jeremy is a teacher and so is his mother.
(ジェレミーは教師で母も教師だ)

＊ **so** ＋動詞＋ **...** で「…もそうだ」と同じであることを表します。**I like dogs.**（私は犬が好き）という相手の発言の後に **So do I.** と答えれば「私も（あなたと同じで犬が好き）」となります。

ネイティブがよく使うフレーズ

So do I.「私も」
I'd say so.「その通りです」

□ ★★★ **「…かそれくらい、…かそこら」**

We can wait 10 minutes or so, but then we have to go.
(10 分かそこらは待てますが、その後は行ってしまいますよ)

＊曖昧な程度を表す時に用います。**so long**（これぐらいの長さ）、**so much**（その程度）、**so so**（まあまあで）などの表現があります。

Track **094**

094

right

なぜ「右」と「正しい」が同じ right なのか？　これは人が心臓の逆側となる右手をよく使うことから、「右手を使うことが正しい」とされたことに由来するそうです。

□ ★★「正当な、間違っていない、正義の」

Am I doing this the right way?
（このやり方で正しい？）

＊ **right answer**（正しい答え）、**right time**（正しい時刻）など事実に合っている、または一般的に正しいと思われていることを表します。語尾につければ「…だよね？」と同意を求める表現に。

ネイティブがよく使うフレーズ
Am I right?「あってる？」／That's right.「その通りだ」

□ ★★★「権利、所有権」

Do you have the right to vote in elections?
（選挙の投票権はある？）

＊基本的に複数形で **human rights**（人権）や **fundamental rights**（基本的権利）、また **intellectual ownership rights**（知的所有権）などの権利を表します。

ネイティブがよく使うフレーズ

All rights reserved.「無断複製禁止」

□ ★★★「ふさわしい、適任の、当然の」

You made the right decision hiring Mary.
（メアリーを雇って正解だった）

＊考えや行動などが当を得たものであることを表し、right for each other で「お互いに適している」、be in the right place at the right time で「適材適所」です。

□ ★★★「まさに、すぐに、直接」

I'll do it right away.
（すぐにやります）

＊「正しい」のニュアンスから right here（まさにここ）のような、直線的かつスピーディで正確な動きを表します。

ネイティブがよく使うフレーズ

I'll be right back.「すぐ戻ります」／Right here.「ここです」

□ ★「右、右側、右派、保守党」

Politically, he leans toward the right.
（政治的に彼は右派に傾いている）

＊ right が右を表すことから右派、保守派なども表します。

ネイティブがよく使うフレーズ

Keep to the right.「右側通行」

Track **095**

095

pull

日本語の「引く」と英語の pull はイコールにあらず！　英語では「栓を抜く」も「パンツを上げる」も「ナイフを取り出す」も pull です。こんなニュアンスの違いを楽しみましょう。

□ ★★★「引く、引っ張る」

I need to pull up my pants.
（ズボンを引き上げないと）

＊ **pull** には、自分の方向に引き寄せるニュアンスがあります。類語の **draw** が「ゆっくり引っ張って移動させる」やや堅いニュアンスの動詞のため、日常会話では **pull** を使うのが一般的。後に続く言葉で引っ張る向きが決まり、**pull up** で「引き上げる」、**pull down** なら「引き下げる」です。

□ ★★★「引っぱり出す、引き抜く」

Could you help me pull the cork out of this bottle?
（この瓶のコルクを抜きたいから手助ってもらえる？）

＊栓などを引き抜く動作も表します。**pull weeds** で「草をむしる」、**pull out the cork** で「コルクを抜く」ですが、「瓶の栓を抜く」は「開ける」と解釈し **open up a bottle** が一般的です。

□ ★★「取り出す、救い出す」

The robber pulled a knife from his pocket.
(強盗はポケットからナイフを取り出した)

＊「下（困難）から上へと引き上げる（救い出す）」イメージから、**pull ... out of the fire**（…を困難から救い出す）や **pull ... out of a severe economic slump**（…を深刻な不景気から救い出す）などの表現も可能です。「引き上げる」が転じて **pull a gun**（銃を抜く）など、「取り出す」動作も表します。

□ ★★「ひと引き、引く」

If you give this lever a pull, the machine will start.
(このレバーを引けば機械が動き出します)

＊引いて何かを動かす表現も可能です。**give ... a pull** で「…を引く（ひと引きする）」となります。動詞なら **pull the trigger**（[銃の］引き金を引く）や **pull a lever**（レバーを引く）などと用います。

□ ★★「引き、影響力、コネ」

Sally has a lot of pull at that company.
(サリーはその会社に強いコネがある)

＊「引き」が強くなると「コネ」なんて意味に。**have a lot of pull** で「影響力が多大にある」→「コネがある」となります。**use someone's pull with the media** で「メディアに対する…の影響力を利用する」です。

Track 096

096

race

速さを競うのが「レース」であるように、その「スピーディな動き」から幅広い意味で用いられます。また「人種」も同じスペルですが、語源は異なります。

□ ★★ **「大急ぎで走る、高速で動く」**

I raced to the station, but I still missed my train.

(駅まで大急ぎで走ったが、それでも電車に間に合わなかった)

＊「急いで移動する」イメージから「大急ぎで走る」という意味に。 **race home** で「家路を急ぐ」、**race down the stairs** で「急いで階段を駆け降りる」です。

□ ★★ **「大急ぎで運ぶ、移動させる」**

My father was raced to the hospital last night after suffering a heart attack.

(父は昨夜、心臓発作を起こして大急ぎで病院へ運ばれた)

＊「大急ぎで走る」の **race** が他動詞だと「大急ぎで運ぶ」という意味に。**be raced to the hospital** で「病院へ急いで搬送される」、**race a bill through the House** で「急ぎ下院で法案を通過させる」など、いずれもスピーディな動きを表します。

□ ★★★「競走、レース」

When I was younger, I enjoyed watching motorcycle races.
（若い頃、オートバイのレースを見るのが好きだった）

＊速さを競う争いを指し、日本語の「レース」にあたる言葉です。

□ ★★★「戦い、争い」

We're in a race against time to get this project finished before the deadline.
（この企画が締切に間に合うか、時間との戦いだ）

＊スポーツや競技の争いではなく、組織などによる目的を達成するための戦いを指します。戦争のような本当の戦いはwarですが、競い合いはraceです。race for promotion（出世競争）、race against time（時間との闘い）などの表現があります。

□ ★★★「人種、民族」

This country has tough penalties for discrimination based on race or ethnicity.
（この国では人種や民族で差別すると厳罰となる）

＊「競争」のraceとは語源が異なります。race (racial) problem（人種問題）やrace (racial) discrimination（人種差別）は、基礎教養としてぜひ覚えておきたい表現です。

Track **097**

097

rest

トイレを restroom と言うように、「ホッと一休みすること」が rest の主なイメージです。動きを休めることから「安静、停止」さらには「永眠」なんて意味でも使われます。

□ ★★★ **「休憩、休息、睡眠」**

It's important to get enough rest.
(しっかり休憩を取ることは大切だ)

＊「ひと時の休憩」が本来の **rest** のイメージです。そこから「睡眠」のような比較的長めの休憩も指し、**get some rest**（少し休憩する）、**get a good rest**（十分休む）などの表現があります。

□ ★★★ **「安静、安心、静止、停止」**

The doctor ordered me to take two days' rest.
(医者から 2 日間の安静を命じられた)

＊「休憩」で足りないなら「静止しての少し長めの安静」が必要になると考えるといいでしょう。

□ ★★★ **「休む、休養する、永眠する」**

You should lie down and rest for a while.
(横になってしばらく休んだほうがいいよ)

＊休憩より長めの「休む」動作も表し、**Rest in peace.**（永遠に眠れ）で「安らかにお眠りください」と死者を悼(いた)む言葉になります。

ネイティブがよく使うフレーズ

Get a good night's rest.「ゆっくりお休みなさい」

□ ★★★「そのままの状態にしておく」

Philip never knows when to let a matter rest.

（フィリップは物事をそのままにしておけない性格だ）

＊問題などに手をつけず、そのままの状態にしておくことをいい、**let the matter rest** で「そのまま放っておく」です。

□ ★★★「残り、残りの部分」

I'll finish the rest of the paperwork tomorrow.

（残りの書類は明日終わらせます）

＊ **rest** には「残り」という意味もあり、**rest of ...** で「…のその他の部分（残り）」、そこから **rest of one's life** で「余生」となります。

ネイティブがよく使うフレーズ

You know the rest.「先は言わなくてもわかるでしょう」
Take the rest of the day off.「今日はもう帰っていいよ」

Track **098**

098

cross

欧米人ならすぐ「crossの名詞＝十字架」と答えるでしょうが、日本人だとすぐに出てきません。「十字架」からの派生で「横切る、渡る」など、記号の×と同じイメージを思い浮かべるといいでしょう。

□ ★★★ **「横切る、横断する、渡る」**

When you get to the post office, you need to cross the road.
（郵便局へ行くには道路を渡る必要があります）

＊ **cross** の原義は「十字架」なので「横切る、渡る」といった動作を表します。そこから **cross the road**（道路を渡る）、**cross a bridge**（橋を渡る）などの表現になります。

ネイティブがよく使うフレーズ

There's a line you shouldn't cross.
「越えてはいけない一線がある」

□ ★★ **「怒らせる、不機嫌にさせる、反抗する」**

Our boss is usually nice, but don't cross her when she's in a bad mood.
（上司はふだん良い人だけど、機嫌が悪い時は怒らせちゃだめだ）

＊ **cross** には「(人に) 逆らう」という意味があり、**cross someone at one's peril**（危険を覚悟で…に逆らう）などの表現があります。

□ ★★★「横線を引く、線を引いて消す」

Cross off the names on the guest list so we know who came to the party.

(パーティに来た客がわかるよう、名簿の名前に線を引いてください)

＊英語で「横線を引く」とは「線を引いて消す」ということ。そこから **cross off** で「(名前などを)線を引いて消す＝欠席・不参加」を意味します。ちなみに **put a cross in the box** だと「四角にチェックする」つまり参加の印になります。日本のように記号を丸で囲む習慣は、アメリカにはありません。

ネイティブがよく使うフレーズ

Cross the box below.「下の欄にバツ印を付けてください」

□ ★★「怒って、不機嫌で」

If you get cross about something, talk to me about it instead of keeping it to yourself.

(嫌なことがあったら、黙っていないで私に話してね)

＊ **get cross** で「混乱する」→「不機嫌な顔をする、不快に思う」となります。

ネイティブがよく使うフレーズ

Don't be so cross.「そう怒らないで」

Track 099

099

cut

「切る」が本来のイメージのため、どうしても「削減する、口を挟む」とネガティブになります。しかし cut above なら「一枚上手」となる、一筋縄ではいかない「切れもの」単語です。

□ ★★「削減する、切り詰める、減らす」

Regular exercise and healthy eating can cut the risk of most diseases.
(定期的な運動と健康な食事で、ほとんどの病気のリスクは減らせる)

＊ **cut** は「(数字を) 削減する、切り詰める」という意味にもなり、**cut back on costs** (経費を削減する)、**cut the risk of ...** (…のリスクを減らす」などの表現も可能です。**reduce** も「減らす、切り詰める」の意味がありますが、堅い表現に聞こえるため、わかりやすく説明するなら **cut** の方が好まれます。

□ ★「口を挟む、割って入る」

I don't mean to cut in, but could I ask a question?
(口を挟む気はありませんが、質問していいですか?)

＊話に割って入る意味合いにもなり、**cut in** で「割り込む、邪魔をする」となります。

ネイティブがよく使うフレーズ

Cut it out!「黙れ！」

□ ★★★「短く刈る、刈り取る、収穫する」

I got my hair cut.
(髪を切った)

＊「…を刈る、収穫する」という意味にもなり、**get (have) one's hair cut**（髪を切る)、**cut the grass**（草を刈りそろえる)、そして **cut wheat** で「麦を収穫する」となります。

□ ★「切り傷、傷口」

I fell while riding my bike, but luckily I only got a few cuts and bruises.
(自転車で転びましたが、運よく軽い切り傷と打ち身だけでした)

＊名詞の **cut** には「切り傷」という意味もあり、**get a cut** で「ケガをする」、**get a bruise** で「あざ（打撲傷）ができる」です。

□ ★「より良い物、上等な物、一枚上手」

Linda is a great speaker. She's a cut above everyone else.
(リンダは話すのがうまい。誰よりも一枚上手だ)

＊ **a cut above ...** で「(…より)一枚上手で」という意味になります。これなどは **cut** を「切れもの」とイメージするといいでしょう。

Track 100

100

doctor

一番使うのは当然、名詞の「医者」ですが、なぜか動詞だと「(文章や数字を) 改ざんする」なんて意味に。実はこれ「修正する」→「改ざんする」とイメージしてできた用法のようです。

□ ★★★「医者、医師」

You'd better show that cut to a doctor. It looks bad.

(そのケガは医者にみせた方がいい。ひどそうだ)

＊ **show ... to a doctor** で「…を医者にみせる」です。一般的に「医者にみてもらう」は **go to see a doctor** →省略形の **go see a doctor** → **see a doctor** となります。

　また「医者に行かなきゃ」と言う場合、**the doctor (doctor's)** で「医院」となり、**I need to go to the doctor.** で「病院に行かなきゃ」。**one's doctor** だと「かかりつけ医」です。

ネイティブがよく使うフレーズ

I need to go to the doctor.「医者に行かなきゃ」

Can I see the doctor now?

「今お医者さんにみてもらえますか？」

When can I see the doctor?

「先生はいつ私をみてくれますか？」

＊ちなみに「ドクター・ストップ」は日本独自の和製英語で、英

語として通じません。正しくは**doctor's orders**(医者の要求)です。

□ ★★★「改ざんする、修正する」

Sam got fired for doctoring his sales report.
(サムは売上報告をごまかしてクビになった)

＊動詞の**doctor**は「(文書や数字などを)改ざんする、(写真を)修整する」などの意味があり、**doctor the evidence**で「証拠物件を改ざんする」、**doctor one's birth date**で「生年月日をごまかす」、**doctor a report**で「報告書を不正に変更する」となります。ネガティブなフレーズが並ぶのは、かつて悪徳医者がはびこっていた時代の名残でしょうか？

□ ★★★「博士、博士号」

Is Dr. Sato available now?
(佐藤博士は今お時間ありますか?)

＊博士は**doctor**で略して**Dr.**となります。

ネイティブがよく使うフレーズ

You're the doctor.「あなたのおっしゃるとおりです」
Someone call a doctor!「誰か、お医者さんを呼んで！」
Did you go to the doctor?「医者には行った？」

青春新書
INTELLIGENCE

こころ涌き立つ「知」の冒険

いまを生きる

〝青春新書〟は昭和三一年に――若い日に常にあなたの心の友として、その糧となり実になる多様な知恵が、生きる指標として勇気と力になり、すぐに役立つ――をモットーに創刊された。

そして昭和三八年、新しい時代の気運の中で、新書〝プレイブックス〟にその役目のバトンを渡した。「人生を自由自在に活動(プレイ)する」のキャッチコピーのもと――すべてのうっ積を吹きとばし、自由闊達な活動力を培養し、勇気と自信を生み出す最も楽しいシリーズ――となった。

いまや、私たちはバブル経済崩壊後の混沌とした価値観のただ中にいる。その価値観は常に未曾有の変貌を見せ、社会は少子高齢化し、地球規模の環境問題等は解決の兆しを見せない。私たちはあらゆる不安と懐疑に対峙している。

本シリーズ〝青春新書インテリジェンス〟はまさに、この時代の欲求によってプレイブックスから分化・刊行された。それは即ち、「心の中に自らの青春の輝きを失わない旺盛な知力、活力への欲求」に他ならない。応えるべきキャッチコピーは「こころ涌き立つ〝知〟の冒険」である。

予測のつかない時代にあって、一人ひとりの足元を照らし出すシリーズでありたいと願う。青春出版社は本年創業五〇周年を迎えた。これはひとえに長年に亘る多くの読者の熱いご支持の賜物である。社員一同深く感謝し、より一層世の中に希望と勇気の明るい光を放つ書籍を出版すべく、鋭意志すものである。

平成一七年

刊行者　小澤源太郎

著者紹介

デイビット・セイン 〈David Thayne〉

米国生まれ。証券会社勤務後に来日。日本での30年にわたる英語指導の実績をいかし、AtoZ GUILDと共同で英語学習書、教材、Webコンテンツの制作を手掛ける。累計400万部を超える著書を刊行、多くがベストセラーとなっている。AtoZ English（www.atozenglish.jp）主宰。またオンラインで日本文化を英語で解説する学習サイトwww.wakaru.guideを開設している。

中学単語でここまで通じる！英会話 ネイティブ流 使い回しの100単語

青春新書 INTELLIGENCE

2018年11月15日　第１刷

著　者　デイビッド・セイン

発行者　小 澤 源 太 郎

責任編集　株式会社プライム涌光

電話　編集部　03(3203)2850

発行所　東京都新宿区若松町12番１号 〒162-0056　株式会社青春出版社

電話　営業部　03(3207)1916　振替番号　00190-7-98602

印刷・中央精版印刷　製本・ナショナル製本

ISBN978-4-413-04555-1